Criar también es política

ROCÍO CANO COUTO

Criar también es política

DEL VEGANISMO AL FEMINISMO

diversa

© 2024, Rocío Cano Couto
© 2024 Diversa Ediciones
Edipro, S.C.P.
Carretera de Rocafort 113
43427 Conesa
diversa@diversaediciones.com
www.diversaediciones.com

Primera edición: octubre de 2024

ISBN: 978-84-18087-51-6
ISBN Ebook: 978-84-18087-52-3
Depósito legal: T 918-2024

Diseño de interior y cubiertas: Diversa Ediciones
Maquetación: Diversa Ediciones

Fotografías del interior: Rocío Cano Couto
Infografías: Diversa Ediciones con ilustraciones de Freepik

Impreso en España – *Printed in Spain*

A Pablo, por ser timón, salvavidas, brújula e isla.

*A Antía y Navia, por ser estrellas brillantes
aun en las noches más oscuras.*

*A Chiruca y Gerardo, por, a pesar de tantos años,
seguir siendo estelas.*

Índice

Prólogo

Este no es otro libro de crianza más. De hecho, nada más lejos de serlo. Porque lo que tienes entre tus manos es realmente un libro político y además mi manera de criar y de entender el mundo. Mi manera diferente a otras muchas, eso sí; de hecho, a la mayoría. Por eso mi intención con este libro es mostrarte que otra forma de criar es posible, pero que otra manera de entender el mundo también lo es. Más allá de tradiciones impuestas, constructos sociales que no se cuestionan, imposiciones patriarcales o sistemas económicos que lo devoran todo.

Te mostraré el poder de cambio que tiene cómo criamos. Y para ello, a lo largo de estas páginas desgranaré cómo nuestra crianza también es un acto político, explicaré mi camino, mi proceso y mi aprendizaje en mi maternidad y en mi crianza, desde el convencimiento absoluto de que yo jamás sería madre hasta serlo convencida de dos hijas increíbles y de las que estoy inmensamente orgullosa.

Hablaré sin tapujos, como he hecho siempre, para bien o para mal, sobre temas muy controvertidos, como la religión, el patriarcado, el adultocentrismo, el especismo o la sexualidad, términos que, aun hoy en día, no son familiares para la gran mayoría de la población. Y así nos va. Pero de eso también hablaré más adelante.

Quiero avisarte antes de empezar de que soy muy asertiva y vehemente, porque soy apasionada y vivo intensamente todo, pero eso no significa que mis palabras sienten cátedra, tan solo te cuento mi trayectoria, con mis errores, mis aciertos y mis aprendizajes. Pero nunca olvides que yo no te juzgo, porque mi manera de criar es solo mía, ni mejor ni peor, es solo la que a mí me ha servido bajo mi contexto y mis circunstancias. Así que no lo olvides, por favor: nunca te juzgo.

Si con mi historia te hago reflexionar o te doy alguna idea que pueda ayudarte en tu camino y/o en tu crianza, yo ya estaré muy feliz y satisfecha.

Así que acompáñame, y si me permites un consejo, hazlo con la mente abierta y con tu mejor mirada crítica.

Y juntas seamos como antorchas, capaces de alumbrar en la más absoluta oscuridad, pero también con la capacidad de quemarlo todo cuando es necesario.

Allá vamos.

Mi historia

De fan de Herodes a ser una madre convencida y feliz.

«Vale, sí, de acuerdo, nos casamos, pero ten superclaro que aun así no voy a tener hijas».

Con esa frase le di a Pablo mi «sí, quiero» particular, totalmente convencida, porque llevaba desde los 15 años diciendo que yo jamás me casaría ni tendría hijas. Así que, bueno, lo de casarse, aunque nunca había entrado dentro de mis planes, era aceptable, pero lo de tener descendencia, eso jamás. Al fin y al cabo, siempre había sido una gran fan de Herodes. (Sobre este tema me extenderé más adelante en un capítulo y analizaré el porqué del adultocentrismo en esta sociedad y de la niñofobia, de la que yo he también he formado parte). Pero como dicen en mi tierra, Galicia: «*¿Non queres caldo? Pois toma duas cuncas*» (¿No quieres caldo? Pues toma dos tazas), así que aquí estamos, unos cuantos años después y con dos niñas, una ya adolescente y otra preadolescente.

El proceso que me llevó a ese cambio de opinión tan drástico fue largo, pero tuvo un punto de inflexión que fue determinante. Te cuento.

Trabajaba en una multinacional y era de esas que cada vez que veía a una embarazada por los pasillos me alejaba, no fuese a ser contagioso (ya te he dicho que era fan de Herodes). Pero un día una amiga mía del trabajo me dijo que estaba embarazada. En ese momento, en vez de sentir el rechazo que había sentido durante toda mi vida adulta, sentí una punzada de algo que podríamos identificar como envidia. Fue tal el impacto de mi sensación y de lo que percibí en los días posteriores, que al cabo de unas pocas semanas decidí comenzar una terapia de psicoanálisis, porque no podía aceptar que algo tan profundo en mí estuviese cambiando. Así que estuve yendo un año al psicoanalista. Me daba terror tomar una decisión tan importante y trascendental en mi vida tan solo por una sensación, tenía que asegurarme al mil por mil de que realmente había cambiado y de que sí quería ser madre.

La terapia fue muy dura y me removió de arriba abajo hasta mis primeros cimientos y recuerdos. Pero tras mucho analizar, repensar, desmontar y aceptar, decidí que sí, que había cambiado y que realmente deseaba ser madre. Tenía 35 años.

Por lo tanto, podemos asegurar que mi decisión de ser madre fue algo tremendamente meditado. Y creo que ha sido esto lo que me ha ayudado a tener siempre las cosas muy claras en cuanto al tipo de crianza que quería llevar a cabo.

Cuando le dije a Pablo que sí quería ser madre, fue un momento muy emotivo. Él siempre había querido ser padre, pero su deseo nunca pasó por encima de la pareja y de nuestra relación, que siempre había sido, y sigue siendo, lo principal.

Sé que esto también es algo controvertido, pero para mí tiene toda la lógica. En nuestro caso, la idea de ampliar la familia partía desde la propia pareja, es decir, no eran decisiones individuales. Yo quería ser madre, pero porque tendría a Pablo como padre y él deseaba ser padre, sí, pero como ya he dicho, su amor por mí era más fuerte que dicho deseo. Por lo tanto, fue la fuerte unión de nuestra pareja desde la que nació todo. De nuestra sólida y sana unión nacerían nuestras hijas. Esto, a priori, puede sonar algo muy religioso, pero en absoluto lo es: soy atea practicante. De esto también hablaré más adelante.

Tan solo pienso que cuando la pareja es fuerte y está muy unida, las hijas o hijos no pueden estar nunca por encima de ella. Porque el eje central de esa familia sigue siendo la pareja, es la columna vertebral sobre la que se sustenta todo. Y mientras la pareja siga fuerte, todo lo que suceda y gire en torno a esa descendencia será más fácil de gestionar y transitar.

De hecho, el poner a la pareja por encima también significa no seguir juntas «por los hijos». Significa buscar nuestro propio camino y bienestar porque mientras nosotras, o la pareja, esté bien, el resto también lo estará. Se trata, en resumidas cuentas, de dar la mayor seguridad y estabilidad a toda esa familia y a las personas más vulnerables dentro de ella, forjando fuertes y seguros vínculos.

Por eso, en nuestro caso y con nuestras circunstancias, siempre hemos tratado de tener momentos de calidad para la pareja desde el principio de ser madre y padre: cenas, salidas, conciertos, etc. Reservar nuestro propio espacio y que la pareja no se perdiese entre la vorágine de la crianza.

Y aquí voy a empezar a abrir melones, avisada quedas.

Lo primero, nuestra primera decisión al ampliar la familia fue que queríamos adoptar. Ya sabes, estábamos muy concienciadas con el medio ambiente, la explotación de los recursos naturales y esa gran cantidad de peques que te dicen que hay en el mundo que necesitan una familia. Así que comenzamos un proceso de adopción internacional en la comunidad de Madrid.

Estuvimos un año y pico en ese proceso, pero durante el mismo cambiamos de opinión. Se puede cambiar siempre de opinión, tienes derecho a hacerlo y que nadie te haga sentir mal por ello. No lo olvides.

Nos dimos cuenta de que realmente no existen tantas peques adoptables, de hecho, la estadística que nos facilitaron en su momento es que hay una menor adoptable por cada diez familias que quieren adoptar. Hablo de adopción internacional y del año 2010. Ahí ya nos cambió bastante el chip. Y lo que acabó de convencernos de que ese no era nuestro camino fue escuchar durante los cursillos obligatorios los testimonios de otras parejas. Unos auténticos dramas. Personas que después de muchos años de tratamientos y de pasar por experiencias muy duras no podían tener descendencia biológica, así que digamos su única opción de ser madres o padres era la adopción.

En este punto voy a hacer un pequeño inciso. Abro melón.

Pienso firmemente que ser madre o padre no es un derecho, es un deseo, y como tal se puede cumplir o no. Lo que no puede pasar bajo ningún concepto es que ese deseo pase por encima de la vida y de los derechos de otra persona. O que incluso ese deseo lo puedas comprar.

Y esta reflexión me lleva a otro melón. Acostúmbrate, mi vida va de melón en melón.

Toda la presión social que tenemos por procrear, especialmente las mujeres, pienso que nos hace, precisamente, no saber discernir con claridad entre lo que es un deseo o un derecho. Y no estoy diciendo que muchas mujeres no tengan ese instinto de ser madres desde temprana edad, en absoluto. Pero sí que creo que si no tuviésemos toda esa presión social y todo ese sistema patriarcal sobre nuestros hombros, no sentiríamos que sin descendencia estamos incompletas o incluso defectuosas. Si ser madre no fuese un fin en nuestra vida, sino algo más que te puede pasar, o no, no gestionaríamos el no poder serlo desde el trauma o desde la necesidad más imperiosa, o desde la creencia de que sí es un derecho.

Y entiendo perfectamente lo injusto y el dolor de ver que tú quieras ser madre o padre y que no puedas, y también sé que hablo desde mi privilegio de que he sido madre sin ningún tipo de problema, pero todo esto no quita para analizar todo el sistema y la presión que existe sobre ello, y tratar de buscar las causas y las soluciones para mitigarlo cuando no puedes satisfacer ese deseo.

Total, que antes de terminar uno de los cursillos obligatorios del proceso de adopción, yo me quedé embarazada. Y ahí nos dimos cuenta de que no nos parecía nada justo ocupar el sitio de otra persona o pareja cuando nosotras podíamos gestar sin ningún tipo de problema. Y nos fuimos sin decírselo a nadie para no hacer más daño, salvo a las personas responsables, lógicamente.

Soy una de esas personas que se quedan embarazadas rápidamente, de hecho tan rápido la primera vez que ni yo misma estaba aún preparada después de toda mi terapia, y me pilló bastante por sorpresa.

Al principio, Antía iba a ser hija única, no nos planteábamos otra peque, incluso Pablo tuvo una cita con un urólogo a los pocos meses de nacer para hacerse una vasectomía, pero es curioso, en cuanto salimos de la consulta, recuerdo que le dije. «Uf, cielo. ¿Y si esperamos un poco, no vaya a ser que cambiemos de opinión?». Y en efecto, al poco tiempo cambiamos de opinión y antes de que Antía cumpliese un añito me había vuelto a quedar embarazada. En esta ocasión el embarazo se torció y a las seis semanas sufrí un aborto espontáneo, por suerte sin ninguna secuela física ni psicológica para mí.

No me quiero extender mucho con esto, porque cada persona lo vive de una manera diferente, solo me gustaría recalcar que en esos duros momentos, porque cuando es una bebé deseada que suceda esto no es nada fácil, apoyéis a esa persona, que la acompañéis en su dolor, sea el que sea, y respetemos ese proceso de pérdida.

En mi caso, lo gestioné bastante bien y no supuso ningún trauma. Soy una persona muy pragmática y eso me ayudó mucho. Cuando me recuperé del todo, a los pocos meses, me volví a quedar embarazada y ahí sí que ya todo siguió adelante: nació Navia.

Así que Navia para mí no es una niña arco iris, tan solo es mi hija pequeña, sin presiones ni expectativas de ningún tipo.

En nuestro caso, cuando decidimos que sí queríamos tener dos peques, también tuvimos claro que queríamos que se llevasen el menor tiempo posible. Con el aborto de por medio eso se demoró un poco más, pero aun así Antía y Navia se llevan dos años y medio, y, aunque los primeros años son más duros porque tienes en casa a dos peques muy peques, con el paso del tiempo vimos que fue la mejor decisión para nosotras. Verlas crecer juntas, interactuar juntas, ser tan amigas y acompañarse tanto es algo muy especial.

Y ahora sí que sí, ya teníamos cristalino que dos era nuestro número ideal, de hecho, realmente Navia llegó porque tanto Pablo como yo somos hijas únicas, por lo tanto, no iban a tener primas, ni primos, ni ningún familiar cercano salvo su abuelo y abuela paternas, así que pensamos que si se tenían la una a la otra para apoyarse siempre y forjar un fuerte vínculo, sería maravilloso. Por supuesto, trabajando y forjando ese vínculo desde pequeñas.

Por lo tanto, al mes de nacer Navia, Pablo se sometió a una vasectomía. Algo muy sencillo, ambulatorio, sin consecuencias y que nos facilita mucho la vida a ambas.

Un pequeño apunte que suele llamar mucho la atención: Antía y Navia son nombres de diosas celtas. Yo soy una gallega viviendo en Madrid desde hace muchos años, de hecho, llevo ya más tiempo en Madrid que en Galicia, y con Pablo y toda su familia también de Madrid solo me quedaba ponerle unos nombres de mi tierra, y así lo hicimos. Antía era la diosa celta de las flores y Navia la diosa celta de los ríos, lagos y fuentes.

Y ahora ya me meto de lleno en el proceso de ser madre.

Lo primero, yo no me preparé para ser madre, en el sentido de que no me leí cuatro enciclopedias ni hice un máster ni me examiné, y creo sinceramente que existe demasiado ruido, o mejor dicho, demasiado capitalismo y monetización, alrededor de toda la maternidad. Mucho más allá de cuna, colecho, teta o biberón.

Existe mucha literatura y mucho *marketing* alrededor de la crianza. Es curioso cómo algo tan básico, primitivo y natural se ha convertido en un negocio que mueve miles de millones al año en nuestro Norte Global.

Pensad si realmente necesitamos todas esas cosas que tratan de vendernos, cientos de cacharros y artilugios, decenas de libros de cómo hacer esto o cómo hacer lo otro… No digo que muchas cosas no sean necesarias y que, por supuesto, nos faciliten la vida mucho, pero también muchas veces entramos en esa vorágine de consumo y de «necesito…», cuando no es ni mucho menos necesario. No olvides que hay una gran diferencia entre utilizar cosas que nos facilitan la vida a utilizar cosas que son puro *marketing* y absolutamente prescindibles e innecesarias.

Y sí, no me escondo, por desgracia yo también caí en la trampa del consumismo. Ahora miro hacia atrás y me doy cuenta de que muchas cosas que compramos no las necesitábamos, algunas incluso se han quedado sin usar o prácticamente nuevas, por no hablar ya de la ropita… Y sí, por supuesto, que se puede vender de segunda mano o donar, pero el problema es que debemos replantearnos nuestro consumo y el daño que este causa a nuestro planeta.

Pero realmente ser madre es algo natural, es un proceso inherente a las hembras de todas las especies, por lo tanto, estamos perfectamente diseñadas para ello, para parir y para criar. El problema viene de toda la estructura social que nos ha alejado de ello. Porque en una sociedad continuamente monitorizada, el instinto se diluye llegando incluso a perderse.

Y con esto, por supuesto, no quiero decir que repitamos patrones tóxicos o que no nos deconstruyamos también en todo lo relacionado a la crianza y maternidad. Todo lo contrario. Escucharnos más para conectar mejor, con nosotras mismas en nuestro nuevo rol y con nuestras bebés.

Creo que, al estar sola en mi crianza, sin mi madre, hermanas o tías cercanas, eso facilitó en gran medida la ausencia de todo ruido a mi alrededor. También, por supuesto, un trabajo personal previo donde sabía firmemente que no quería repetir ciertos patrones. Porque a pesar de que mi crianza fue muy buena en general, todo es mejorable y yo era muy consciente de las cosas que no quería repetir o perpetuar.

Cuando me vi sola con mi bebé, todo comenzó a fluir de una manera más natural.

Y no voy a entrar en teta o biberón, en cuna o colecho, en carro o porteo, o en el tipo de alimentación complementaria. Porque ahora, mirando hacia atrás, creo que hay otras cosas infinitamente más importantes y de las que no se habla tanto, como el vínculo, el respeto y el amor incondicional.

Y estas cosas no se forjan solo dando teta o practicando colecho. Van mucho más allá y se van forjando a fuego lento, cada día, cada minuto que estás con tu criatura. Siempre he dicho que yo soy madre no por haber parido; para eso, al fin y al cabo, estamos todas diseñadas biológicamente. Yo soy madre por todos los días y todas las noches que he pasado al lado de mis hijas, por cubrir todas sus necesidades, por sujetarlas, por aprender también a soltarlas cuando era necesario, por apoyarlas y respetar sus decisiones (sin estar incluso a veces de acuerdo con ellas), por saber decir no y poner límites para protegerlas (a pesar de sus enfados y frustraciones), por respetarlas como personas individuales y, por supuesto, por amarlas por encima de todo.

Pero, como todo en esta vida tiene también su parte positiva, y yo soy muy de buscarla siempre, con la crianza en solitario nadie te pone la cabeza espesa. Estás tú y tu pareja. Y punto. Así te ahorras los 3543 consejos sobre cómo coger al bebé, cuándo cogerlo, qué darle de comer, cómo darle de comer, cómo acostarlo, cómo vestirlo, cómo pasearlo, etc.

En mi caso, me busqué una pediatra que me inspirase confianza. Pude elegir por mis circunstancias, e hice un trabajo de investigación previo durante el embarazo, también en gran medida por el tipo de alimentación vegetal que le iba a dar; no quería pediatras desactualizadas ni que me cuestionasen (de esto hablaré extensamente en el próximo capítulo).

Pienso, ahora que lo veo en retrospectiva, que la parte más difícil de la crianza no es todo lo que gira en torno a los primeros años de vida, que es cuando más exceso de información y *marketing* existe, sino los años posteriores, cuando se van transformando en esas personas pequeñas e increíbles. Ahí comienza el verdadero reto.

Crear un vínculo sano, bonito y seguro en bebés es fundamental, pero afrontar los retos que conlleva el crecer desde la asertividad, el respeto y el amor es lo más difícil, y, justamente, de lo que menos se habla a nivel general.

Desde el principio, tanto Pablo como yo tuvimos claro que queríamos una crianza en positivo, siguiendo el modelo Montessori. De hecho, nuestras hijas también estuvieron en un colegio Montessori que no nos encajó mucho. Te cuento nuestra experiencia personal.

Era un colegio privado, donde lógicamente ya sabíamos que había un sesgo económico, pero pensábamos que ese sesgo no era extrapolable a otras cosas inherentes a un colegio privado. Me explico. Tanto Pablo como yo estudiamos en colegios privados muy elitistas, y teníamos claro que no queríamos ese tipo de educación para nuestras hijas, por lo tanto, imaginábamos que en un colegio Montessori, aunque fuese privado, no encontraríamos las cosas que no nos gustaban de este tipo de colegios. Pero nos equivocamos.

Te lo cuento por si te puede servir también, porque volvemos a lo de siempre, todo el *marketing* y el capitalismo existente alrededor de la crianza, de la educación y de los diferentes modelos.

Desde hace ya unos años, la educación en positivo está más visibilizada, pero hace más de diez años se hablaba muy poco de ella. Para mí, es una educación lógica en base a mi deconstrucción y aprendizaje sobre otros muchos temas. Pero todo esto prefiero contártelo en un capítulo más adelante, porque hay bastante tela que cortar.

Aparte de esto, nuestra crianza también vendría con otras peculiaridades como, por ejemplo, la crianza en solitario, tanto elegida como impuesta por nuestras propias circunstancias.

Yo soy hija única y me quedé huérfana siendo joven, antes de conocer a Pablo, de hecho. La muerte de mi madre y de mi padre fue el hecho más duro y traumático al que he hecho frente en toda mi vida y, lógicamente, el que más me ha marcado como persona.

Pasar todo un embarazo, un parto, un postparto y una crianza sin tu madre y sin tu padre, sin hermanas o hermanos y sin nadie de tu familia más cercana alrededor es algo duro y complicado. En mi caso, la figura que siempre he echado más de menos en todo este proceso ha sido la de mi madre.

Ella nos dejó antes de tiempo, con 55 años, estaba sana y murió un día de repente en mis brazos y en los de mi padre. Traumático, no, lo siguiente. Mi padre nunca lo superó ni lo quiso superar, y al poco tiempo también murió. Me costó mucho entender por qué no había querido quedarse conmigo, pero sin mi madre él no veía ningún tipo de futuro en el que vivir, y se dejó ir.

Cuando comencé a salir con Pablo, llevaba ya una gran mochila a mis espaldas. Y cuando ampliamos la familia, toda esa mochila fue también determinante en el tipo de crianza que ambas queríamos para nuestras hijas.

Ahora mejor te hablo de mi crianza en solitario y sin esa «tribu» tan de moda ahora en redes.

El término «tribu» es un poco apropiación cultural. Ten en cuenta toda la carga cultural y social que conlleva ese término en numerosas poblaciones y sociedades que se han visto muchas veces aniquiladas por el colonialismo occidental. Así que usarlo para hablar de criar en familia o con amigas en general, a mí, personalmente, me chirría un poco. Tan solo es mi opinión en base a leer a activistas racializadas que reflexionan mucho sobre todos estos temas.

Pero sigamos. ¿Es realmente necesario ese círculo de personas para poder criar a tu bebé? Bueno, yo, desde mi experiencia, te digo que no es imprescindible. Que si lo tienes y crías con personas afines a ti, que estén en tu mismo momento vital y que además ejerzan una crianza similar a la tuya, pues es fantástico y maravilloso, sin duda alguna. Pero seamos realistas, es muy complicado obtener esto en este sistema productivo capitalista, donde las bajas maternales son lo que son (una miseria), la conciliación es lo que es (el horror más absoluto) y la vida nos arrolla tantas veces.

Por supuesto, no por ello debemos ya resignarnos a que esto no cambie, ni muchísimo menos. Debemos seguir reclamando una mayor y mejor conciliación, bajas maternales decentes, el acceso a un sistema sanitario global y con profesionales actualizadas en estas etapas, etc.

Pero siendo pragmáticas, la realidad es la que es y debemos adecuarnos a ella. En mi caso no fue difícil, como ya te he contado: mis circunstancias eran las que eran y yo estaba ya muy mentalizada de ello.

No te voy a engañar, y vuelvo a repetir, que pasar todo un embarazo, un parto y un postparto sin tu madre es muy duro. Y creo que, en parte también por eso, puse tantos límites, por ejemplo, a las visitas de rigor al hospital o después en casa.

Hay otra situación que hace doce años era mucho más extraña, pero que ahora está normalizada: limitar las numerosas visitas a una mujer recién parida en el hospital y a su bebé.

Estas visitas no son un evento social, y deben ser muy comedidas. En mi caso, prohibí ir a todo el mundo, salvo a mi suegra y suegro, abuela y abuelo respectivamente. Cuando llegamos a casa, lo hicimos igual, y al cabo de varias semanas vino mi familia una tarde, y ya. Y así lo hicimos en los dos partos y postpartos.

Exponer nuestros motivos y explicarlos con asertividad, sea cual sea la circunstancia, es absolutamente fundamental, y facilita mucho la gestión de este tipo de situaciones. Y de la vida, en general.

Para mí, sin duda, fue una de las mejores decisiones. Es muy importante estar en esos momentos tranquila con nuestra bebé, experimentando tantas sensaciones nuevas y adaptándonos a ellas.

Criar no es fácil, claro, de hecho es una de esas decisiones que marcará tu vida para siempre. El problema es que no solo marcará tu vida, sino también la de esas personitas que has decidido traer a este mundo, por eso siempre insisto tanto en que debe ser una decisión muy meditada, muy razonada, porque no hay marcha atrás posible. Necesitamos personas adultas sanas, pero también personas adultas responsables, y, por supuesto, justas.

Es nuestra responsabilidad traer a este mundo personitas capaces de hacer un lugar mejor para todas sus habitantes. Debemos criar a personas con fuertes valores éticos y morales, con espíritu crítico e independencia analítica, con respeto hacia todos los seres y nuestro planeta, y, por supuesto, con amor.

Dar todas esas herramientas no es sencillo, nadie dijo que lo fuera, pero, al menos, debemos intentarlo.

Así que en esas estábamos, Pablo y yo, solas ante la crianza, con nuestras decisiones y nuestro camino por delante, sin rendir cuentas a nadie ni mucho menos permitir que nadie nos cuestionase.

Y vaya camino a contracorriente que empezábamos a recorrer sin nosotras saberlo siquiera…

2 Veganismo

Criando vegano en un mundo especista. Disonancia cognitiva y presión social.

Para mí, este es el capítulo más importante de todos, porque es el eje central del resto de mi crianza.

La crianza vegana es, sin ningún género de dudas, un reto diario y una lucha constante contracorriente. Porque el veganismo lo atraviesa todo. El mundo en general, y nuestra sociedad en particular, están diseñados para que la explotación de animales forme parte de nuestro día a día, desde la alimentación a la vestimenta, desde el ocio a la educación, etc. Por lo tanto, salir de ahí con toda esa presión social y sistémica es complicado, incluso difícil a veces, pero, por supuesto, no imposible. Te recuerdo que llevo más de doce años criando en este camino, sin grandes problemas y haciendo una vida «normal». O todo lo normal que se puede hacer en este mundo tan desequilibrado.

Desde que estás embarazada y decides que tus hijas no coman animales, hasta todo el sistema sanitario, empezando por las pediatras, todo el sistema educativo formado por el profesorado, el resto de familias… Y toda la sociedad en su conjunto empieza a formar parte de ese sistema del que tú has decidido no formar parte activa, pero sí que debes de vivir en él, socializar, empatizar y entender a todas esas personas que no tienen tu misma visión del mundo y que muchas veces te lo ponen realmente difícil, ya sea por desconocimiento o solo por el placer de tocar las narices.

Aunque es verdad que la crianza vegana es lo que más molesta a una gran parte de sociedad, ya solo el hecho de ser una persona vegana es una molestia para mucha gente, lo que supone una lucha diaria desde varias aristas. Yo tengo mi teoría en base a mi amplia experiencia en esto, ya que llevo más de veinticinco años sin consumir animales, y me gustaría compartirla contigo.

Hace veinticinco años, cuando decías que no consumías animales, a la gente le daba bastante igual, te miraban con cierta curiosidad, como alguien diferente, pero no había rechazo. Pero esto ha ido cambiando y ahora mismo, cuando dices que eres una persona vegana, existe mucho rechazo, a nivel general, ya que muchas personas te ven como una amenaza a su *statu quo* y a sus privilegios, porque el veganismo en todos estos años ha ido avanzando y esos cambios se ven reflejados no solo en el ámbito social, sino también en el político e incluso en el económico. Porque cuando el veganismo era cosa de cuatro hippies perroflautas, pues no pasaba nada, pero ahora, cuando desde gobiernos e incluso grandes organizaciones internacionales se está abogando por reducir nuestro consumo de animales, principalmente por lo insostenible de este sistema, a nivel medioambiental, económico e incluso de salud, pues eso sí que ya molesta más.

Y no debemos olvidar que el veganismo, como todo movimiento social, tiene como fin un cambio social; de hecho, los movimientos sociales surgen a raíz de una crisis social, como en la que estamos actualmente.

En mi caso el veganismo fue, además, tan solo el punto de partida, el que me fue abriendo la mente a otros aspectos, otras opresiones y otras luchas.

Así que permíteme que le dedique tiempo y mimo a explicarlo lo mejor posible, porque, por desgracia, existe todavía mucho desconocimiento y desinformación sobre ello.

¿Qué es el veganismo?

Voy a empezar por lo básico, definiendo qué es el veganismo. La Vegan Society, organización fundada en 1944, lo definió así:

> Una filosofía y forma de vida que busca excluir, en la medida de lo posible y practicable, todas las formas de explotación y crueldad hacia los animales, incluyendo su uso para comida, ropa, o cualquier otro propósito.

El veganismo se convierte así en un movimiento ético, político y social. A mí, personalmente, me gusta mucho definirlo como un posicionamiento ético.

Como puedes ver, ya dentro de la propia definición hay algo muy importante que queda perfectamente claro: «En la medida de lo posible y practicable». Y esto es, realmente, el quid de la cuestión.

El veganismo no es una secta, y odio que algunas personas lo sigan viendo así. Porque no es un dogma que tengas que seguir sí o sí y poner tu vida incluso en riesgo o peligro para ello.

El veganismo es justicia, respeto y amor. Pero esto no significa que las personas veganas seamos mejores y que nuestra moral o ética sean superiores a las de las personas no veganas. En absoluto. De hecho, conozco personas veganas que dejan bastante que desear como seres humanos, porque, como en todas partes, cada una es de su padre y de su madre.

Y para no juzgar jamás a nadie por no ser una persona vegana, yo tengo siempre muy presente que el mundo no es vegano y que la sociedad es tremendamente especista. Quizás nunca hayas escuchado este término, pero te lo explico rápidamente.

El especismo, según la RAE, es la creencia según la cual el ser humano es superior al resto de los animales, y por ello puede utilizarlos en su propio beneficio. Por lo tanto, lo más habitual en este mundo es ser una persona especista, porque absolutamente todo nos lleva hacia ello desde que nacemos. Y este es el verdadero adoctrinamiento, no criar en el veganismo, porque existe todo un sistema social, político y económico que tiene todo un engranaje gigante para que tú seas especista desde que naces y que sigas perpetuando y normalizando este sistema sin que lo cuestiones. Y, por ende, las personas que somos veganas y estamos en contra de cualquier tipo de explotación animal, somos también personas antiespecistas.

Y ahora te voy a poner un ejemplo muy sencillo y esclarecedor. No sé a quién pertenece, así que no puedo darle créditos. Pero he aquí: si encierras a una niña o niño pequeño en una habitación con un pollito y una manzana, lo normal es que se coma la manzana y juegue con el pollito. Esto sería por instinto, de hecho. Lo contrario sería una conducta, podríamos decir, incluso patológica o con algún tipo de trastorno.

Si esto mismo lo haces con un cachorro de león, el resultado sería todo lo contrario… Pobre pollito.

Porque, aunque muchas personas me recuerden a diario en redes sociales que es la cadena alimenticia y que el león también lo hace…, para sorpresa de nadie no somos leones, e ir con el carrito de la compra por los pasillos de un supermercado escogiendo trozos de carne envasados para luego tener que cocinarlos, no es la cadena alimenticia. Por lo menos, ya no en nuestra sociedad actual. Porque podemos elegir y optar por otro tipo de alimentación rica, sana y nutritiva sin animales en nuestros platos. Pero no voy a entrar en esto, de momento.

Retomando el ejemplo del pollito y la manzana, lo que sería ese instinto de jugar con un ser vivo y comer un alimento tratan de arrebatárnoslo desde la más tierna infancia.

Y en este punto tiene mucho peso la disonancia cognitiva tan latente y patente en todo lo relacionado con el maltrato animal y el consumo de animales. De hecho, muchísimas personas se consideran amantes de los animales y están en contra del maltrato animal, pero, en cambio, sí comen animales y siguen participando de esa violencia hacia ellos, pero prefieren ni verlo ni pensarlo.

Pero párate a pensar un momento: si tú no serías capaz de matar a un animal indefenso, pero en cambio lo cosificas en la bandeja del supermercado, ¿no estarías incurriendo en un clarísimo ejemplo de disonancia cognitiva?

Leon Festinger, psicólogo social, fue quien desarrolló la teoría sobre la disonancia cognitiva allá por el año 1957 y la definió así: «Estado mental incómodo que experimenta una persona cuando tiene dos o más creencias o ideas contradictorias entre sí, o bien cuando sus acciones no concuerdan con sus valores o principios morales».

Y, al igual que sucede con el hambre o con la frustración, tiene un componente de activación fisiológica, de ansiedad, que produce sensaciones desagradables de diferente grado según la persona o la situación disonante. Además, ese malestar viene acompañado generalmente por sentimientos de culpa, enfado, frustración o vergüenza… Te suena, ¿verdad? De hecho, el cerebro de la mayoría de las personas no tolera una disonancia permanente, y tiene la tendencia a eliminarla o evitarla.

En el caso del veganismo, se pueden emplear diferentes mecanismos de reducción de esa disonancia cognitiva. Por ejemplo, adaptándonos a esa nueva información obtenida, haciéndonos personas veganas. Esto, lógicamente, sería lo ideal. Pero también podemos utilizar como mecanismo de defensa la negación, por ejemplo, diciéndonos que «total, al andar también se matan hormigas…» o que en los cultivos también se matan animales con los pesticidas. E, incluso, algunas personas utilizan la agresión o la difamación para atacar y justificarse, por ejemplo, grupos de taurinos, cazadores, etc.

También podemos buscar la autojustificación, como decir que «mi salud no me lo permite», o buscar el apoyo de otras personas que comparten las mismas cogniciones, por ejemplo: «Siempre se ha comido de todo…». O la búsqueda del apoyo social, como la gran influencia de la industria cárnica en medios de comunicación o legislación que avala este tipo de comportamientos.

Es importante tener en cuenta que, además, mientras mayor sea el temor de una situación que se percibe como amenaza, más grande será la necesidad de protegerse de esa amenaza, en este caso ideas y creencias, manteniéndose en lo conocido y cerrándose al exterior.

Adoctrinamiento desde la escuela infantil

Mis hijas, ambas, fueron a la escuela infantil desde muy peques, porque tanto Pablo como yo trabajábamos fuera de casa.

Y, claro, es ahí cuando ya te das de bruces con la realidad y tienes que empezar a lidiar con todo un sistema educativo y social con el que tú, muchas veces, no estás nada de acuerdo.

La mayoría de madres y padres comienzan ya aquí con muchas dudas sobre cómo se va a relacionar, cómo gestionar el tema de la alimentación; en el caso del veganismo, por ejemplo, temas chuches, cumpleaños, etc. Porque desde la misma escuela infantil ya comienza todo el sistema a adoctrinar, desde los 2 o 3 añitos de edad.

Recuerdo perfectamente como mis hijas, ya a esa edad, tenían los típicos dibujos de unir los animales con lo que «nos dan», así, altruistamente nos lo regalan... Otra vez la importancia del lenguaje y de llamar a las cosas por su nombre, porque, evidentemente, los animales no nos dan nada, se lo robamos de las formas más atroces y crueles posibles.

Porque en la escuela ya te enseñan que la vaca «nos da» leche, la gallina «nos da» huevos, el cerdo «nos da» jamón, la oveja «nos da» lana y así sucesivamente.

Pero claro, no nos dicen en ningún momento todo lo que existe detrás de ese «nos da»; de hecho, no te lo dicen ni de adulta, porque, precisamente, la industria de la explotación animal ha hecho una de las mejores campañas de marketing de la historia, haciendo creer incluso a personas adultas que las «vacas lecheras» existen, y que dan leche constantemente por ciencia infusa, no porque sean mamíferas a las hay que inseminar una y otra vez para que se queden continuamente embarazadas y generen leche para sus bebés que luego les robamos en un ciclo sin fin de dolor y muerte. Esta parte no te la suelen contar.

Voy a hacer un pequeño inciso sobre las fichas de unir animales con lo que «nos dan», porque imagino que quizás te hayas preguntado cómo lo hemos gestionado.

En nuestro caso, no las han hecho. Nos negábamos a que participaran en ese tipo de contenido a esa temprana edad sin absolutamente ningún fin educativo, sino el de adoctrinar y deformar la realidad con toda la intención. Así que hablamos con sus profesoras en la escuela infantil y nuestras hijas hicieron otra actividad lúdica sin mayor problema.

De hecho, durante toda la etapa de infantil y primeros años de primaria, desde los 3 años hasta los 8-9 más o menos, siempre les hemos customizado los libros (a partir de esa edad ya ellas mismas nos decían que no hacía falta, porque ya sabían lo que había y lo entendían perfectamente). Por ejemplo, a la típica pirámide nutricional le pegábamos recortes de texto con fuentes de proteínas vegetales. O cuando hablaban de leche, poníamos la opción de leche vegetal, etc.

Esto tampoco nos ocasionó nunca ningún tipo de conflicto o problema con el profesorado, incluso han estado en varios colegios diferentes en esa etapa y nunca pasó nada. Es más, alguna profesora se interesó por su alimentación y ella misma buscaba otros ejemplos y modificaba las opciones del libro.

Primeros pasos

Si en la actualidad criar vegano se sigue viendo como algo extraño, incluso peligroso debido a toda la desinformación que existe, promovida por la industria y el *lobby* cárnico en su gran mayoría, pues imagina hace doce años cómo era…

Como ya te he contado en el capítulo anterior, busqué una pediatra ya estando embarazada porque me negaba a sentirme cuestionada o juzgada, cuando yo sabía perfectamente, y tenía toda la información, de que una alimentación 100% vegetal es apta en cualquier etapa de la vida de una persona.

Libros de texto usados en clase. En la escuela enseñan que la vaca «nos da» leche, la gallina «nos da» huevos, el cerdo «nos da» jamón y así sucesivamente.

Customizar los libros. Por ejemplo, modificando las fuentes de proteína vegetal en la pirámide nutricional o sustituyendo la leche por otras fuentes de calcio.

ALIMENTACIÓN SANA

CUANDO COMAS, RECUERDA QUE ES IMPORTANTE MASTICAR LOS ALIMENTOS BIEN, SIN PRISA.

PARA QUE NUESTRO CUERPO ESTÉ SANO, NECESITAMOS TOMAR ALIMENTOS VARIADOS COMO ESTOS, QUE NOS APORTAN LAS SUSTANCIAS QUE NECESITAMOS.

GLUP GLUP GLUP

Y NO OLVIDES BEBER SUFICIENTE AGUA AL DÍA PARA ESTAR SIEMPRE BIEN HIDRATADO.

PROTEÍNAS   VITAMINAS   MINERALES   CALCIO

VITAMINAS   MINERALES

Calcio

RETO 2   16   TOFU CON PATATAS   ARROZ

Atún Vegetal

NO PESCADO

Seitan

QUESO LA QUINTA DE CARMEN
PESO: 1 KG
CONSUMIR ANTES DEL QUINCE DE JUNIO.
ELABORADO CON LECHE DE OVEJA

QUESO LA QUINTA DE CARMEN
PESO: 1 KG
CONSUMIR ANTES DEL QUINCE DE JUNIO.
ELABORADO CON LECHE DE SOJA

Y esto no lo digo yo, evidentemente, esto lo dijo hace ya casi cuarenta años la Academia Americana de Nutrición y Dietética (Academy of Nutrition and Dietetics, AAND), la más prestigiosa asociación de nutricionistas del mundo, con más de 100 000 miembros, que expone que las dietas vegetarianas o veganas bien planificadas son perfectamente aptas para cualquier etapa de la vida de una persona, incluyendo embarazo, niñez, adolescencia, edad adulta o madurez.

La posición oficial de la AAND fue adoptada por primera vez por la Cámara de Representantes de Estados Unidos el 18 de octubre de 1987 y reafirmada el 12 de septiembre de 1992, el 6 de septiembre de 1996, el 22 de junio de 2000, el 11 de junio de 2006 y el 19 de diciembre de 2012. Y, por última vez, en el año 2016. Pero no solamente esta asociación de nutricionistas avala las dietas veganas; son decenas y decenas de asociaciones y organismos internacionales los que avalan una dieta vegana en cualquier etapa de la de vida de una persona, como la Academia Americana de Pediatría, la Asociación Española de Dietistas-Nutricionistas, la Sociedad Argentina de Nutrición, la Universidad de Harvard, el Ministerio de Salud de Chile, el Comité Olímpico Internacional, la Asociación de Dietistas de Australia y un largo etcétera. Por lo tanto, muchas veces estar defendiendo algo tan básico y que debería de ser una información que todo el mundo conociese, se hace realmente agotador. También aquí vemos el poder de la industria cárnica y cómo trata de ocultar y seguir sembrando dudas sobre lo que ya miles de profesionales sanitarias han avalado hace casi cuarenta años.

Así que la pregunta no debería de ser por qué mis hijas son veganas, sino cómo, teniendo esta información, todavía nos encontramos a supuestas profesionales de la salud que siguen ancladas en el pasado y que están absolutamente desactualizadas.

Y aquí me veo de nuevo en la necesidad de hacer un pequeño inciso y abrir un melón.

Ten en cuenta que quizás no es solo la desactualización de esa profesional de la salud; es que, como ya he dicho, el veganismo es también un posicionamiento ético y político, y no a todo el mundo le puede encajar o gustar, de hecho, incluso a algunas personas les puede causar rechazo, por ese mismo posicionamiento o por lo que sea. Al fin y al cabo, detrás de cada profesional con bata blanca también hay una persona con sus valores, sus gustos, sus convicciones y sus propias creencias éticas y políticas.

Así que, por favor, empoderémonos en la información y no nos dejemos amedrentar ante este tipo de personas. Hay que tener en cuenta que, en vista de todos los datos que ya he mencionado anteriormente, si una profesional de la salud está desactualizada, no es nuestro problema, es su responsabilidad esa falta de información, no la nuestra.

Y si después de todo esto todavía te sigues preguntando por qué criar veganas a nuestras hijas, pues por un tema de lógica y sentido común, básicamente. Cada familia cría a su progenie en base a sus principios éticos, religiosos o morales. Pues sabiendo a ciencia cierta que una alimentación vegetal es sana para cualquier etapa de la vida de una persona, que además evita en gran medida la crisis climática porque es la alimentación más sostenible y la que menos recursos emplea y que evita el maltrato, explotación y sufrimiento animal (algo fundamental para mí), ¿cómo no iban a ser veganas?

Así que una vez decidí traer hijas* a este mundo, tenía claro que no quería que ellas siguieran contribuyendo a la destrucción

---

* Hablo de hijas porque tenía claro que yo tendría solo niñas, y como *haberlas haylas*, pues así fue. Es broma… ¡O no!

de este planeta en ninguna de sus formas, y esto pasaba también, inexorablemente, por el tipo de alimentación que les daría. Y, es evidente, Pablo también estaba de acuerdo con esto.

Por esa época, hace más de doce años, yo seguía una alimentación ovolacteovegetariana, desde hacía ya mucho tiempo (dejé de consumir animales en el primer año de universidad), pero ya estaba reduciendo mucho mi consumo de huevos y lácteos, y dando pasos hacia el veganismo. Pablo, desde que empezamos a salir juntas y al venir él a mi casa a vivir, donde ya no se consumían animales, pues se hizo flexitariano, es decir, redujo muchísimo su consumo de animales, en torno a un 90%. Siempre me he encargado yo de la cocina, Pablo tiene muchas cualidades y muy buenas, pero la cocina no es una de ellas, así que se adaptó sin problemas y comprobó por sí mismo la gran variedad de sabores y platos que hay en una alimentación vegetal. Y así juntas, pero cada cual a su ritmo, avanzamos hacia el veganismo.

Tras nuestra decisión, solo quedaba un pequeño escollo: decírselo a su padre y a su madre. Como ya te he contado, mi madre y mi padre murieron mucho antes de yo ser madre, y al no tener ninguna familia directa, nuestras hijas solo tendrían a su abuelo y abuela paternas. Pero decidimos que hasta que no estuviese embarazada no se lo diríamos, y así fue.

Por suerte, Pablo y yo siempre hemos sido unas personas muy asertivas y que hemos marcado unos límites muy claros en cuanto a nuestra relación de pareja y las decisiones que ello conlleva. Y en este caso no iba a ser menos. Nos descargamos el informe de la ya mencionada Academia Americana de Nutrición y Dietética, se lo entregamos y les dijimos que esa sería la única información que les íbamos a dar al respecto, que estábamos perfectamente asesoradas y que no íbamos a tolerar ningún cuestionamiento por su parte.

Y como para muestra un botón, el ver crecer a sus nietas día a día, sanas, fuertes y felices, es la mejor confirmación de que una alimentación 100% vegetal es perfectamente viable. Siempre se hace hincapié en que sea bien planificada, pero es que realmente cualquier tipo de alimentación siempre debería de estar bien planificada, estamos cansadas de ver como niñas con una alimentación tradicional se llevan día sí y día también al recreo del colegio bollería industrial o zumos envasados y nadie cuestiona nada, y, en cambio, si una niña vegana se lleva un bocadillo de hummus, saltan todas las alarmas… El mundo al revés.

Tanto Pablo como yo solemos hacer énfasis en que mostrar nuestra alimentación de una manera abierta y, sobre todo, a las profesionales de la salud a las que vamos, es algo muy importante para la normalización y desmitificación de la alimentación 100% vegetal.

Así que en ambos embarazos se lo comuniqué a mi ginecóloga sin ningún tipo de problema, no le dio mayor importancia. Mis análisis siempre eran óptimos y mi alimentación no supuso ningún tipo de obstáculo, mis bebés nacieron sanas y mi leche también era idónea para ellas.

Durante ambos embarazos no fui a ninguna nutricionista, seguía con mi alimentación habitual, llevaba ya muchos años siendo vegetariana y sabía cómo alimentarme correctamente. A pesar de lo que creen algunas personas, una embarazada vegetariana o vegana cumple con todos los requerimientos nutricionales que su estado necesita, y los complementos nutricionales que tiene que tomar son exactamente los mismos que una embarazada con una alimentación tradicional. Excepto la B_{12}, que es la única vitamina que debemos suplementar siempre todas las personas veganas o vegetarianas, y esto no lo digo yo, sino la evidencia científica. Se trata de una vitamina que, a pesar de lo que la gran mayoría de personas cree, no es de origen animal, sino bacteriano, se encuentra en el suelo y se sintetiza en el organismo de los animales. Pero en la actualidad, a los animales se los suplementa de diferentes maneras, por ejemplo, a través del pienso que consumen. Y nosotras la tomamos con una pastillita una vez a la semana y listo. Más fácil, imposible.

Al nacer las niñas, siendo muy pequeñas sí que opté por llevarlas a una nutricionista, por supuesto, especializada en alimentación vegetal e infancia. Básicamente, para reforzar y tener más herramientas.

La comida, esa gran batalla para muchas

Por diferentes circunstancias, apenas pude darles el pecho a nuestras hijas, así que desde muy pronto opté por un modelo de lactancia mixta a demanda (pecho y biberón). No voy a extenderme mucho con esto, solo me gustaría puntualizar una cosa. La forma de alimentar una madre a su bebé debería ser una decisión única y exclusivamente de ella, siempre, sin excepciones; no comparto para nada toda la polémica creada alrededor de la alimentación de una bebé. Cada madre elige lo que es mejor para ella y su bebé, la información, que no imposición, debe estar al alcance de cualquiera, pero esto sí que es muy importante: toda madre debe saber y conocer que el alimento ideal para su criatura es su leche. Aunque a veces lo ideal no sea lo mejor, porque influyen otros factores. Así que, por favor, apostemos siempre por la lactancia materna como primera opción, como la opción ideal, y dejemos de juzgar y crear un debate sobre si una madre da biberón u otra da de mamar hasta los 5 años. Es muy osado cuestionar o juzgar la manera en la que una madre alimenta a su bebé. Mientras ese alimento se dé con mucho amor, es suficiente.

Existe en nuestra sociedad una, no sé si podríamos decir obsesión, pero sí una fijación bastante grande con el mítico «mi hija no me come». Hay varios libros también sobre este tema, escritos por profesionales pediatras.

Por desgracia, yo sufrí mucho con la alimentación desde muy pequeña. No comía prácticamente nada, y mi madre y mi padre lo gestionaron mal, se ponían muy nerviosas y me obligaban a comer. Es cierto que en aquella época no había ni la información ni los recursos que hay ahora, y también es cierto que mi caso debió de ser algo inaudito. Hasta hace no muchos años, cuando me encontraba con alguna persona conocida o amiga de mi madre o mi padre que no me veía desde pequeña, la primera pregunta al reconocerme siempre era: ¿y ya comes?

Con decirte que el motivo principal de ser hija única es que mi madre no podía soportar otra hija con mis problemas con la comida, te puedes hacer una idea del nivel de drama.

Desde mis primeros recuerdos, mi relación con la comida era muy mala, pero no por nada en especial, sino porque sencillamente no me gustaba comer, no me gustaba ninguna comida, ni dulce ni salada, y además nunca tenía sensación de hambre, para alegría de mi madre y de mi padre. Me contaban muchas veces que tomarme una papilla era horas, pero literal, y que una misma cuchara la podía escupir más de veinte veces, también literal. Un horror, todo.

Después de un periplo visitando varios pediatras, a uno se le ocurrió la brillante idea de que lo que me pasaba era que, al ser hija única, quería llamar la atención. Yo tendría unos 3 años, así que les dijo a mi madre y a mi padre que no me diesen nada de comer ni de beber hasta que yo lo pidiese, que seguro que no hacerme caso ni obligarme hacía que yo comiese por mí misma. Evidentemente, no fue así. Yo no recuerdo esto, era muy pequeña, lo sé porque mi madre me lo contó muchas veces, pero estuve un par de días sin comer nada y beber más bien poco, y al tercer día me desmayé. Sí, se veía venir, así que a urgencias, a ponerme suero y a recuperarme. Imagínate el drama.

Desde ese día, todo fue a peor, no tuve infancia en cuanto a recuerdos de los bollos míticos de mi generación, como la Pantera Rosa o el Tigretón, o chuches, o ese tipo de cosas que les gustan a todas las peques. Yo no comía nada, ni la comida normal ni las chucherías típicas de la infancia, absolutamente nada.

No quiero extenderme mucho más en esto, porque comencé a comer bien y por mí misma cuando fui a Madrid a estudiar a la universidad, y en el colegio mayor no me quedaba otra que preocuparme de mi salud. Siempre me ha llamado mucho la atención que no desarrollase un TCA (trastorno de la conducta alimenticia) o algún otro desorden debido a mi relación con la comida y la mala gestión de mi madre y de mi padre con ese tema, por suerte solo con ese tema, porque en otros muchos temas lo hicieron estupendamente. Pero realmente, lo único que pasaba era que no tenía nunca hambre y no me gustaba comer, ninguna comida. Para mí el peor momento del día era sentarme a la mesa, lo odiaba, y mi único deseo era poder alimentarme con una pastilla que cumpliese con todas mis necesidades nutricionales. De hecho, recuerdo este deseo de pequeña en muchos cumpleaños mientras soplaba las velas.

Te he contado esto de una manera muy resumida, pero te puedes imaginar casi veinte años de este suplicio, imagínate cuántas comidas, cuántos lloros y cuántos disgustos. En fin…

Total, que a mis hijas no les iba a hacer pasar ese infierno ni muerta. De hecho, mi relación con la comida y cómo lo iba a gestionar con mis hijas fue uno de los temas que traté profundamente en terapia cuando estuve preparándome para ser madre, como ya he contado antes.

Pues bien, tanto Antía como Navia fueron dos niñas bastante inapetentes desde que nacieron. Jamás se tomaron esos biberones gigantes que yo veía con mis amigas. Tampoco practiqué con ellas el método BLW (*Baby Led Weaning*), que quizás ahora haría, pero hace doce años no había tanta información sobre esto, y además, con lo poco que comían, prefería optar por los clásicos purés, eso sí, caseros y sin animales, por supuesto. De hecho, al introducirles la alimentación complementaria a los seis meses, lo hacía con tofu suave.

Para que te hagas una idea de que en nuestro caso el «mi hija no me come» era bastante habitual, infinidad de noches (no una ni dos, sino muchísimas) se han ido a la cama sin cenar nada, absolutamente nada, ni un mísero vaso de leche de soja. Y no era porque hubieran merendado mucho, porque tampoco. Esto, además, se daba mucho más cuando eran más peques, hasta los 3 años o así. Pues bien, yo, con una sonrisa, les decía que no pasaba nada, las acostaba, les leía el cuento y, cuando ya estaban dormidas, me iba a nuestro baño a llorar… Hablo en primera persona porque durante esos primeros años de crianza Pablo estaba trabajando y llegaba a casa cuando ya estaban dormidas. Y esto lo pude hacer así porque me había preparado mucho en terapia para ese momento, y gracias a ello pude gestionar de una manera más positiva toda esa situación.

Te voy a poner un ejemplo para que entiendas el límite al que han llegado nuestras hijas. En educación infantil, con 3 y 4 años (esto nos ha pasado con las dos), en alguna ocasión, no muchas, como un par de veces con cada una, hemos tenido que hablar con sus profesoras y decirles: «La niña lleva unas veinte horas sin ingerir ningún alimento sólido. Si se desmaya en el patio, es solo eso». Pues bien, al recogerlas, nos decían que habían estado jugando en el recreo como si nada y que luego, al mediodía, comieron su menú (vegano, obviamente) con normalidad.

Hoy por hoy, nuestras hijas comen bien, no son grandes comedoras, pero sí comen lo suficiente para ellas, comen de todo y si alguna cosa no les gusta es porque la han probado siempre antes de decidir, y estoy convencida de que la relación que tienen ahora con la comida es gracias a no obligar jamás, a no forzar, a no chantajear, a no exigir...

Tampoco voy a extenderme mucho más con el tema de la alimentación de nuestras hijas, pero sí quiero dejar algo muy claro. No debemos preocuparnos, ni mucho menos obsesionarnos, tanto por su alimentación. Vivimos en el Norte Global, con acceso a infinidad de productos de calidad; una buena alimentación donde predominen legumbres, verduras, frutas, cereales integrales, frutos secos y semillas es perfectamente apta para cualquier persona en cualquier etapa de su vida. Lo que sí existe, en cambio, es un problema real de sobrealimentación en nuestra sociedad, y además de sobreproducción de muchos más alimentos de los que se consumen. Por esto sí deberíamos preocuparnos, y mucho. Y por el desperdicio alimentario y todo lo que conlleva, también.

Mis hijas no se han comido un plato «Harvard» jamás, ya sabes, ese plato perfecto con un porcentaje idóneo de proteína, de cereales integrales, de vegetales y aceites saludables y de fruta, y siempre han estado sanas y con sus análisis perfectos. Análisis que, por supuesto, no se los hago cada año por ser veganas, sino para ver que están sanas y que no les falta ningún nutriente ni vitamina.

Dejando ya a un lado todo el tema salud y alimentación 100% vegetal, donde por mucho que lo quieran negar, la evidencia científica habla por sí sola, el mayor reto de criar vegano es, sin lugar a dudas, a nivel social. Por eso es en lo que más me voy a extender.

Fiestas infantiles y otro tipo de eventos

Tras doce años de fiestas de cumpleaños, eventos y todo tipo de reuniones sociales, tanto en entorno urbano como rural (vivíamos en el centro de Madrid, en el barrio de Salamanca, pero con la pandemia del COVID nos fuimos a vivir a nuestra segunda residencia, en un pueblo de la sierra de Gredos), puedo hablar y analizarlo todo desde mi propia experiencia, pero también desde mi formación como socióloga.

Por mi experiencia comunicando en redes sociales y otros medios, uno de los mayores miedos de las madres primerizas criando vegano es que, si en la escuela infantil ven o cogen el plato de al lado y lleva carne, cómo gestionarlo. Pues bien, desde la calma. ¡No es una alergia! Partiendo de esta base, aunque comiese un trozo de carne de manera puntual, no es el fin del mundo.

En mi caso particular, ninguna de mis dos hijas ha intentado nunca coger nada del plato de al lado, dicho por sus educadoras de la escuela infantil; he hablado con otras madres y tampoco. Esto no quiere decir que no pueda pasar, pero no tiene por qué pasar con seguridad.

En primer lugar, porque las educadoras están también, precisamente, para evitar ese tipo de situaciones, y en segundo, porque dependerá de cada peque y de lo que le llame o no la comida en general. Pista: a las mías, lo de la comida nunca les ha llamado demasiado la atención.

Y hay otro factor a tener en cuenta cuando ya son un poquito más mayores, alrededor de los 2 añitos. A esa edad, las niñas y los niños ya saben que comen diferente y que hay ciertas cosas que no comen, porque son animales. Este concepto lo entienden desde muy peques, y además el hecho de pensar que pueden comer animales les produce mucho rechazo por lo general, especialmente en comida que se ve perfectamente lo que es, como carne o pescado. En tema lácteos, dulces y chuches sí que es verdad que no lo ven tan claro y cuesta más interiorizarlo todavía en esas edades.

Yo nunca tuve problema con la comida, pero con las típicas bolsas de chuches horribles que se dan en los cumpleaños desde tan peques, pues algo sí tuve. Por lo que comentaba antes: un trozo de filete no tienen dudas de que es un trozo de animal, pero claro, en esas chuches y chocolatinas dulces, con colores tan brillantes y todo ese marketing diseñado para potenciar su consumo, a esas edades cuesta mucho más ver al animal detrás.

Ahora esto ya es mucho más fácil, por suerte en estos últimos años ya tenemos centenares de chuches y chocolatinas veganas de todo tipo, pero hace más de diez años en España no existían prácticamente, por desgracia, así que en alguna ocasión me ha tocado decirles a mis hijas que lo sentía, pero que eso no lo podían comer porque era de procedencia animal.

En este punto voy a hacer una pequeña reflexión. Muchas veces, y en especial desde una crianza respetuosa, se critica mucho lo de prohibir, y estoy de acuerdo, pero también depende del contexto.

Yo, cuando mis hijas eran pequeñas, sí les he prohibido en alguna ocasión comer algo, cuando ellas todavía no eran conscientes de lo que había detrás de esa comida. Y para mí es lo mismo que prohibir llevarse a la boca un vaso de cerveza u otra bebida alcohólica. No es ningún trauma decir que no en estos casos. Es un tema ético, al igual que también lo hacen las personas musulmanas con sus peques y los alimentos procedentes del cerdo por su religión. Y no pasa absolutamente nada.

De hecho, justo hace unos días, hablando con Antía, mi hija mayor de 12 años, no recuerdo en qué exactamente, pero en algo de comida le dije en tono jocoso

—A ver, no te voy a prohibir que comas eso, pero mejor si te tomas esto otro.

Y su respuesta fue:

—Ya sé que no me lo vas a prohibir, porque nunca me has prohibido comer nada.

Nada más que añadir.

Por mucho que se empeñen en decir que obligo a mis hijas, ellas, desde que tienen uso de razón, son las que han elegido libremente no comer animales, y han tenido muchas oportunidades para hacerlo, ya no solo en fiestas, sino en campamentos de semanas fuera de casa, y han continuado con su alimentación, porque ellas mismas se niegan a consumir alimentos de origen animal. Porque son conscientes de todo el sufrimiento que existe detrás, aunque esta sociedad tan terriblemente adultocentrista las anula e infantiliza hasta límites increíbles.

Pero voy a retomar el tema social, como fiestas infantiles y otros eventos, porque desde fuera parece algo muy complicado de gestionar y realmente no lo es tanto. Aunque sí me gustaría dejar claros unos cuantos puntos de vista.

Lo primero y principal para mí es que, lógicamente, todas las fiestas y celebraciones de mis hijas son 100% vegetales. Me parece algo de sentido común y que, en cambio, algunas personas no entienden o, mejor dicho, no quieren entender. Vamos a ver, como ya te he explicado, soy una persona vegana y antiespecista, es decir, tengo un fuerte posicionamiento ético sobre nuestra relación con el resto de animales no humanos, y por lo tanto, es del todo lógico que con mi dinero no quiera contribuir a ningún tipo de explotación animal. Es más, pensar que porque yo te estoy invitando tengo que pasar por encima de mis principios éticos es algo muy egoísta y de muy mala educación.

Y voy a ir incluso más allá. Si tú me invitas a tu fiesta o celebración, lo correcto es que tengas opciones para mí, opciones reales más allá de unas patatas fritas o unos gusanitos, por un tema, básicamente, de respeto y educación.

Y en esto yo también he hecho mi camino, desde ser más complaciente, por decirlo de alguna manera, a marcar más mis límites con asertividad.

En lo referente a las celebraciones de los cumpleaños y fiestas veganas de nuestras hijas, ahí sí que siempre lo tuvimos clarísimo, y, aunque nos costó algún que otro disgusto familiar muy al principio, fue una línea roja que nunca hemos atravesado. Es lógico que, si estamos en contra del sufrimiento y explotación animal, no contribuyamos nunca con nuestro dinero a ello. Sería, de hecho, una falta de respeto pedirnos o exigirnos que invitemos a alguien con productos de origen animal.

Pero en lo relacionado a las invitaciones a otras fiestas, sí que lo hemos ido gestionando de diferente manera. Te cuento.

Al principio de todo, le llevaba yo la comida o la merienda, al fin y al cabo, te hablo de hace ya unos diez años. En los típicos sitios de fiestas infantiles el menú suele ser muy similar siempre; perrito, pizza, tarta y bolsa de chuches. Así que hablaba con la madre (por lo general, somos las madres quienes nos encargamos de estas cosas, ya sabes, el patriarcado y sus cositas) y, según el menú que pusiese, yo le llevaba lo mismo pero en versión vegetal. Así que ya ves que cero complicación.

Celebraciones veganas. Perritos, pizzas, tartas, chuches..., los típicos menús de las fiestas infantiles pueden adaptarse sin problemas a la versión 100% vegetal.

Pero a medida que iban pasando los años y el veganismo se iba introduciendo más en nuestra sociedad, mis «exigencias» también cambiaron, porque, como te decía antes, esto también es un tema de respeto y educación. Y voy a ir más allá: también lo es de inclusión.

Si estás invitando a mi hija a tu fiesta, lo lógico es que te preocupes de que mi hija pueda disfrutar de la fiesta en las mismas condiciones que el resto. Entiendo que al principio, hace diez años, esto no fuese posible porque no había prácticamente opciones tan accesibles, pero desde hace ya unos años puedes comprar en cualquier supermercado hummus, guacamole, hamburguesas vegetales, salchichas vegetales, helados vegetales chuches veganas y un largo etcétera. Así que llega un momento en que si no pones ninguna opción apta es porque no te da la gana, y eso es una falta de respeto.

Perdona mi vehemencia en esto, pero es algo que me toca mucho la moral.

Y ahora voy a analizar esto con una mirada sociológica, porque hay bastante tela que cortar.

Curiosamente, en las fiestas donde más problemas he tenido con la falta de opciones fue durante la etapa de mis hijas en el colegio Montessori, del que ya te he hablado. Se celebraban grandes fiestas de cumpleaños con unos regalos absolutamente desorbitados para las edades que tenían, y es que ni se molestaban, la mayoría de madres (salvo excepciones), en tener opciones para mis hijas.

Luego estuvieron en un maravilloso colegio público de nuestro barrio en Madrid y en absolutamente todos los cumpleaños se preocupaban porque mis hijas tuviesen opciones siempre. Hasta incluso les han hecho bizcochos veganos o han comprado tartas veganas para todo el cumpleaños. Una maravilla.

Así que queda demostrado, una vez más, que muchas veces el dinero no te da ni educación ni empatía. Por suerte, en ese colegio Montessori conocimos a otra maravillosa familia vegana, con la que seguimos manteniendo una buena amistad. Siempre hay que mirar la botella medio llena.

Y te estarás preguntando qué ha pasado en el ámbito rural con este tema. Pues te va a sorprender, como me sorprendió a mí.

Ahora mismo vivimos en una zona muy complicada, una zona taurina, cazadora y ganadera, hostil no, lo siguiente. Pues en lo relacionado con las fiestas y celebraciones, absolutamente siempre se han preocupado porque mis hijas tuviesen opciones reales. Y es algo que me sorprendió muchísimo cuando llegamos aquí porque, sinceramente, no me lo esperaba. Pero tiene su explicación.

En estas zonas rurales sigue primando mucho la comunidad, el sostener y cuidar a todos los miembros. Por lo tanto, cuando hacen una celebración, se preocupan de que todas las personas en ese cumpleaños o evento puedan disfrutar y comer, tanto mis hijas como también peques con celiaquía u otras intolerancias o alergias.

Y debemos tener en cuenta que la oferta de opciones en este entorno rural es mucho más limitada que en el centro de Madrid, pero aun así mis hijas siempre han tenido opciones veganas. También, lógicamente, porque aunque la oferta no sea tan grande, el veganismo ha ido creciendo y es maravilloso ver que en sitios rurales cada vez hay más productos 100% vegetales en las estanterías de muchos supermercados y de pequeñas tiendas. Desde mi punto de vista, esta accesibilidad es un paso enorme para la normalización del movimiento, y, por ende, para los animales no humanos.

Así que vemos como, nuevamente, el no incluir opciones veganas o poner algún tipo de impedimento al veganismo es en realidad más una decisión personal y/o política muchas veces, tal y como te comentaba en el primer capítulo en lo referente, por ejemplo, a las profesionales de la salud. Por lo tanto, el tener o no opciones 100% veganas reales y apetecibles, y no un triste plato de «ensalada» de lechuga y tomate, depende también mucho del contexto social.

Pero hay otro tema en el entorno escolar que es un verdadero melonazo para muchísimas familias veganas: la opción de tener un menú vegano.

Menú vegano en los centros educativos

Es muy triste que a estas alturas aún siga habiendo tantísimos problemas con la obtención de un menú vegano en los centros educativos de todo el territorio estatal. Es algo que nosotras, como familia vegana, llevamos más de diez años reivindicando y peleando y, por desgracia, no se ha avanzado lo suficiente.

Te cuento nuestra experiencia y nuestros logros, que fueron varios.

El primer menú vegetal que conseguimos fue en el año 2012, en la escuela infantil. Tras una reunión con la directora del centro y con la responsable de la empresa de *catering* y tras varios correos electrónicos con idas y venidas, se nos otorgó un menú vegetal. Todo un hito, porque hace ya doce años de esto, cuando nadie hablaba de esta realidad y no existía ni siquiera un debate sobre ello. De hecho, no existían ni las redes sociales ni su viralidad tal y como las conocemos hoy. Así que este tema era algo más del ámbito personal y familiar, y poco más.

He de decir que este menú era bastante deficiente a nivel nutricional, pero gracias a nuestra nutricionista podía compensarlo a la perfección con las otras comidas del día. Incluso en el propio centro me dejaron introducir un bote de legumbres cocidas o un bloque de tofu para poder completar algunas comidas.

Tras este primer logro, vino el segundo. En el primer colegio al que fueron, en el año 2015, también nos concedieron un menú vegano. En este centro tuvimos también una reunión con el director y la responsable del comedor escolar, y tras ella incluyeron un menú vegano sin mayores problemas.

Da la casualidad de que este menú era fantástico. Cuando se lo enseñé a nuestra nutricionista, recuerdo perfectamente que me dijo que ojalá fuesen así todos los menús veganos en los centros escolares, ya que era muy completo a nivel nutricional y variado. Porque no se trata solo de obtener un menú vegano, sino que este cumpla con todos los requerimientos nutricionales que la infancia vegana necesita.

Cuando fueron al colegio Montessori, este tenía ya instaurado un menú vegetariano en el centro. Lógicamente no nos servía, porque no era vegano, pero a mis hijas se les permitía llevarse sus tarteras con su comida de casa cada día, así que tampoco lo peleamos mucho, porque sabíamos que no estarían ahí demasiado tiempo, como ya te conté antes.

Y nuestro tercer logro fue el más mediático de todos, porque salió tanto en prensa como en programas de televisión generalista.

Lógicamente, lo de pedir el menú vegetal en todos los centros era siempre antes de matricularlas, porque si no había alguna opción, era algo inviable para nosotras. Pero en el tercer colegio al que asistieron, nos dijeron antes de matricularlas que no era posible la opción de menú vegano, aunque sí se podían llevar de casa sus tarteras con la comida.

Un inciso. Lo de cambiar tanto de colegio tiene una explicación: queríamos un colegio que se ajustase lo más posible a nuestro modelo educativo, lo que no fue fácil. Por suerte, este último cumplía con todos nuestros requisitos salvo lo del menú, pero era algo salvable, como así ocurrió.

Lo de aceptar sin más un no como respuesta no va mucho con Pablo y conmigo, y recuerdo perfectamente cómo en aquella primera reunión, donde nos dijeron que no había opción de menú vegano pero sí de traer su tartera con su comida de casa, nos miramos y ambas pensamos: «Lo habrá». Así somos.

Así que en el año 2018 y ya matriculadas, solicitamos por escrito al centro un menú vegano para nuestras hijas, y tras varias reuniones con el director, enviar otro escrito a la Consejería de Educación de la comunidad de Madrid, elevar la petición al consejo escolar y salir nuestra petición en un periódico de tirada nacional, al final lo conseguimos. Todo un periplo.

He de decir, en honor a la verdad, que antes de que el colegio nos lo concediese de manera oficial, muchos días, extraoficialmente las cocineras responsables del comedor, que eran un auténtico amor de personas, les ponían menú vegano a nuestras hijas. Y aprendieron a cocinar hamburguesas vegetales, albóndigas y un montón de platos más para ellas. De nuevo se demuestra que muchas veces no es tan difícil como quieren hacernos ver, sino que depende solo de la buena voluntad y empatía de las personas.

Este hecho, como ya te he comentado, fue bastante mediático, y hasta un programa de televisión de La Sexta se quiso hacer eco de él. Grabamos un día una comida con nuestras hijas en el comedor del colegio y millones de personas pudieron ver nuestro logro a través de sus pantallas, llegando así nuestro mensaje a muchísimos hogares y personas. Poniendo este tema y este debate tan necesarios sobre la mesa.

Pero nuestra lucha no se quedó solo en los centros escolares. En el año 2021 lanzamos una recogida de firmas a nivel estatal para solicitar menús 100% vegetales, sanos y equilibrados, en los comedores de todos los centros públicos: colegios, institutos, universidades, centros médicos y hospitales, residencias, centros de menores y centros penitenciarios o en cualquier otro centro público donde las personas usuarias o las propias trabajadoras puedan optar a un menú acorde a sus principios éticos. En pocas horas ya habíamos conseguido nuestro objetivo de firmas. El Gobierno de España nos contestó a través de la Secretaría de Estado de Relaciones con las Cortes y Asuntos Constitucionales y de su portavoz de Cambio Climático. Volvíamos a poner de nuevo sobre la mesa este debate tan necesario y en el que, por desgracia, queda todavía por avanzar.

Desde que nos vinimos a vivir al entorno rural no hemos solicitado un menú vegano, porque la jornada lectiva aquí es diferente y vienen a comer a casa. Pero existen muchas familias veganas que siguen luchando por la inclusión de un menú vegano. Ojalá que esto sea pronto una realidad general y no solo en los comedores escolares.

Redes sociales

Si hablar de veganismo levanta muchas ampollas y genera ataques continuos, mostrar la crianza vegana en redes sociales ya es otro nivel.

Así que te voy a contar mi experiencia divulgando en redes y mostrando mi crianza vegana, además desde un posicionamiento político y antiespecista. Tú imagínate la papeleta.

Estando de vacaciones en el verano de 2017, recuerdo que un día, en la piscina, Pablo y yo sacamos el tema de lo importante que era visibilizar, y normalizar en especial, la crianza vegana. Nos empezamos a emocionar con la idea y a los pocos días creamos una página en Facebook que llamamos «Una familia vegana, ¿y normal?». Y ahí pues empezamos a compartir un poco de nuestro día a día criando vegano.

Al año siguiente nos abrimos también una cuenta en Instagram con el mismo nombre y con el mismo objetivo: la normalización y visibilización de una crianza vegana.

Y así echó a andar nuestro camino en redes sociales, evolucionando hasta lo que es en la actualidad, que no tiene nada que ver. Te cuento cómo fue y reflexionaré sobre ello, también haciendo balance, incluso autocrítica, ya que ha dado para mucho porque, lógicamente, ya no solo es que las redes sociales hayan cambiado mucho en estos últimos años, sino que nosotras como personas, también.

Mi red principal, digamos, siempre ha sido Instagram, es donde siempre me he sentido más cómoda y donde nunca he encontrado tanto odio como en otras, tanto, porque haber pues hay también, por desgracia. Facebook, de hecho, dejé de usarlo hace ya mucho tiempo y Tik Tok es también un nido de odio y un vertedero.

Nuestra cuenta empezó a crecer y durante un tiempo le dedicamos muchas horas a la creación de contenido: post, blog, podcast, directos, masterclass, etc. Pero llegó un momento que era inviable, porque nuestras redes jamás han sido nuestra fuente de ingresos. Y todo ese tiempo lo necesitábamos para dedicarlo a otros proyectos, fuera de redes, que sí son los que nos dan de comer y nos permiten pagar las facturas.

Durante esta época, aunque yo siempre he sido la cara más visible y constante, Pablo siempre ha estado detrás compaginando su trabajo con toda la creación y edición del podcast, mantenimiento web, etc. Pero llegó un momento en que Pablo no podía seguir compaginando todo, ni yo tampoco, así que dejamos parte de la creación, como los podcast y las sesiones en vídeo, y me quedé yo con Instagram solo y la creación de contenido. De esto hace ya más de tres años.

Mi cuenta siempre ha sido muy política y también muy políticamente incorrecta. Porque aunque siempre el eje central ha sido el veganismo y la crianza vegana, también he hablado de otros tipos de temas muy controvertidos como el feminismo, la sostenibilidad, la crisis climática, el racismo, los derechos humanos, los privilegios, etc.

Y como por suerte nunca he necesitado tener las redes como un trabajo, sino más bien como un *hobby*, he podido tener siempre plena libertad para poder subir o poder posicionarme abiertamente en lo que yo quería en todo momento. Para bien y para mal.

Los primeros años de redes, como ya te he dicho, la crianza vegana era el eje central. Y es terrible ver como en todos estos años la desinformación, la manipulación y el odio a criar diferente no han cambiado apenas nada.

Tener que seguir leyendo los mismos comentarios absurdos como «estás maltratando a tus hijas» o «te deberían quitar la custodia y meterte en la cárcel», y otras atrocidades incluso peores, es realmente agotador. Sin ya mencionar todo el adultocentrismo y la invalidación de las propias decisiones de mis hijas.

Estas personas tienen en la boca continuamente el adoctrinamiento sin pararse a pensar en que el verdadero adoctrinamiento es la propia sociedad especista. Y ya he hablado también de esto antes.

Pero voy más allá. Es absolutamente ridículo usar ese argumento tan sesgado y corto de miras. ¿O acaso no todas las familias «adoctrinan»? ¿El bocadillo de chorizo es consensuado con las hijas e hijos?, ¿el filete de pollo también lo es? ¿El bautizo también es consensuado con la o el bebé? ¿La elección de la escuela infantil también es consensuada? ¿El tipo de educación lo es? ¿El tipo de credo o religión? ¿Ponerle o no pendientes a un bebé con vulva? De verdad, ridículo, no hay otra palabra.

Pero claro, en cuanto te sales del rebaño, eres tú la marcada, la que adoctrina, la que no da libertad, la que impone incluso. La autocrítica y la reflexión brillan por su ausencia.

Y aunque es cierto que cada vez hay más información sobre la crianza vegana y sobre la alimentación 100% vegetal en población infantil, sigo siendo todavía algo con demasiado poco alcance. Vuelvo a hacer hincapié en el poder del *lobby* cárnico y del resto de *lobbies* de la industria, que tratan por todos los medios y millones a su alcance de tapar esta información.

Así que, por mucho que la evidencia científica esté ahí, siempre tendremos al *cuñao* o al psuedonutricionista de turno en redes que dice que no es sano llevar una alimentación 100% vegetal.

Y por mucho que diga que mis hijas tienen siempre sus análisis perfectos, que son niñas sanas que nunca se ponen enfermas, que son ellas, desde que tienen uso de razón, quienes eligen libremente no comer animales, etc., da exactamente igual, la gente en redes tiene sus esquemas mentales cerrados y limitados, y es imposible llegar a ningún tipo de entendimiento sobre esto en la mayoría de ocasiones.

Es que vaya melonazo las redes sociales, en general. Y, por deformación profesional, te quiero dar mi punto de vista desde una perspectiva sociológica.

No cabe duda de que nuestras relaciones, desde la manera de relacionarnos hasta la forma de comunicarnos, han cambiado radicalmente desde la llegada de las redes sociales a nuestras vidas.

Tenemos acceso a mucha información y a personas que antes no teníamos. Esto es algo muy positivo, pero también peligroso, porque la desinformación campa a sus anchas por las redes. Y esto es muy preocupante. Creo que la legislación va tarde en este aspecto. Igual que ahora estamos empezando a ver sentencias condenatorias sobre acoso y difamaciones en redes, también necesitamos legislar sobre el tipo de contenido, porque muchas veces hablamos de algo tan básico como salud, y hay información por ahí que atenta directamente contra la salud pública, entre otras muchas cosas.

También me parece algo básico el acceso y la educación en competencias digitales, y creo que también vamos muy tarde ya en esto. No sabemos comunicarnos en redes, y no es solo por la carencia de todo el lenguaje no verbal, que, lógicamente, lo hace más complicado, sino también por la falta de empatía, por deshumanizar a las personas a través de una pantalla, sin pensar, ni por un instante, todo el daño que les puedes estar ocasionando.

Todas sabemos que hay personas muy cobardes que jamás se atreverían a decir cara a cara las cosas que dicen detrás de una pantalla. Pero quedarnos solo en esta lectura me parece también peligroso, porque minimiza un problema muchísimo más grave. Me explico.

Debemos tener en cuenta que muchas de esas personas que son capaces de soltar verdaderas atrocidades ocultas detrás de un perfil falso, realmente lo hacen así porque no existe un sistema político y social que las avale. Todo ese odio, carencias, frustraciones, inseguridades, miedos y problemas sin resolver que muestran algunos comentarios son muy peligrosos. Y te voy a poner un ejemplo con el que lo vas a ver enseguida.

Con el reciente genocidio en directo del pueblo palestino, hemos visto también como sus verdugos, las personas militares y colonas de Israel, subían vídeos a sus redes sociales disparando a civiles, mofándose de las víctimas, incluso torturándolas, robando sus pertenencias en las casas, y un largo etcétera. Por no hablar de la manera que tienen de dirigirse a ellas y cómo hablan de las propias víctimas. A muchas personas nos sorprendió este tipo de actitud, cómo es posible tanto odio y deshumanización. Pues la respuesta es muy sencilla.

Existe todo un sistema político y social que avala este tipo de comportamientos y actitudes. Es más, que les da absoluta impunidad y libertad, llegando incluso a ponerlo en valor. Absolutamente demencial.

Pues, probablemente, si esas personas que en un comentario en redes sociales son capaces de desearte la muerte o que te violen en grupo, si existiese ese sistema que avalase ese tipo de comportamientos, más de uno y más de dos lo llevarían a cabo. Por eso no debemos minimizar este tipo de comportamientos o restarles importancia, porque que una persona pueda expresar y escribir ese tipo de cosas es realmente muy peligroso y preocupante.

Hemos llegado a normalizar el «*hate*» (odio) en redes sociales, cuando en nuestra sociedad anterior sin redes sociales ese odio no campaba a sus anchas ni estaba en absoluto normalizado. Y está demostrado que el odio y el acoso en redes también matan.

Y esto, por desgracia, también lo he vivido. En mi caso no me llegó a hacer tanto daño porque me pilló en un momento de mi vida con una fuerte salud mental, pero aun así fue algo muy duro para mí y mi familia.

En febrero de 2023, tuve la mala suerte que un vídeo mío se hizo viral. Quizás lo recuerdes, el del maldito disfraz de pescadora. El odio que recibí fue absolutamente desorbitado, porque además, claro, el veganismo estaba intrínseco en el mensaje, y ya hemos visto que el veganismo levanta ampollas. Además, desde diferentes posturas ideológicas, da igual, en este tema no hay colores, solo rechazo.

¿Mi único pecado cometido para recibir semejante castigo público? Subir un vídeo enfadada a mis redes sociales defendiendo los derechos de mi hija menor. Un vídeo donde yo ni insultaba, ni faltaba al respeto, ni nada de nada, solo mostraba mi enfado ante una injusticia de manera vehemente.

El problema viene, una vez más, de este sistema educativo que no atiende ni respeta la diversidad. Yo puedo entender perfectamente que, en un principio, no se caiga en que ese tipo de disfraz no es apto para todas las personas. Pero una vez que manifiestas a la tutora que, por motivos éticos, tu hija ha decidido que no quiere participar en ese desfile vestida de pescadora pero que sí lo quiere hacer de Frozen, y que la tutora diga muy enfadada que o va de pescadora o no participa en el desfile, es algo deleznable. Y más, teniendo en cuenta que estamos hablando de una niña autista y de 8 años en ese momento. Así que de ahí mi enfado monumental, que subí a redes como desahogo.

Y quizás tú seas de las que piensa que tampoco es para tanto, que solo es un disfraz y que por un día no pasa nada… Pero los disfraces también son políticos. No está bien visto que un personaje público se disfrace de un oficial de las SS, ¿verdad? O si tú estás en contra de la caza o de la tauromaquia, ¿te gustaría que disfrazasen a tu hija o hijo de cazadora o torera? O si eres antimilitarista, ¿te gustaría que disfrazasen a tu peque de militar con metralleta en mano y todo?

Pero lo que es todavía más grave, si cabe: ¿te parecería correcto que no le permitiesen participar en el desfile junto con el resto de su clase por motivos éticos? Porque esto es exactamente lo que le pasó a mi hija.

Y tú puede que lo gestionases de otra manera, o que para ti no sea algo tan importante, pero para mí sí lo es, y mucho, porque estando en contra del maltrato animal y de todo lo que conlleva, mi hija no quería disfrazarse de eso y la única opción que le dieron desde el colegio fue que no fuese al desfile. A un puñetero desfile de carnaval.

Pues este hecho en las redes pasó desadvertido, muy pocas personas lo analizaron y reflexionaron. La gran masa, incluido gran parte del profesorado y sus grandes plataformas, por desgracia, lo único que hicieron fue intentar destrozarme como madre, como mujer y como persona. Por suerte, no lo consiguieron, porque mis principios éticos están muy por encima de todo ello. También he de confesar una cosa, entre tú y yo: nunca me arrepiento de nada, porque creo que todo forma parte del aprendizaje y que soy la persona que soy en base a todos mis errores y decisiones. Pero mira, de subir ese puñetero vídeo sí que me arrepiento, y de no saber gestionar las primeras horas y verme superada por la situación, pues también.

Los linchamientos públicos que se dan en redes sociales se pueden equiparar, desde un punto de vista sociológico, a los linchamientos en masa que se dan en ocasiones puntuales en nuestra sociedad. El odio y la intención son exactamente iguales, lo único que cambia es que en redes no te manchas las manos de sangre directamente y que no existe una legislación que condene este tipo de comportamientos. Esperemos que en esto también avancemos como sociedad.

Y no quiero cerrar este punto sin hacer un pequeño apunte. Por desgracia, dentro del propio movimiento vegano existe muchísimo *hate*, de hecho, sin contar con lo del vídeo viral, yo el mayor acoso que he sufrido en redes ha sido por una parte en concreto del movimiento: gravísimos insultos, difamaciones, vejaciones, calumnias, etc. No somos conscientes como el ego nos juega muy malas pasadas y el creerse dueñas, pioneras o artífices de una lucha es muy peligroso y tóxico. Volcar todas nuestras carencias y problemas sin resolver en ser «alguien» dentro del movimiento no hace ningún favor a los animales no humanos, que, precisamente, son los únicos protagonistas de nuestra lucha.

Activismo

Otro tema que me ha traído siempre muchas críticas ha sido el hacer activismo con mis hijas desde que eran muy pequeñas.

Volvemos de nuevo a criar diferente, a salirse del redil, y por ello a recibir las críticas de personas en general con muy poca reflexión y actitud.

Desde pequeña, yo he sido activista. Y estoy tremendamente orgullosa de ello y de que mi madre y mi padre me lo permitiesen, e incluso lo favoreciesen.

Desde muy pequeña, con 7 u 8 años, participaba en un grupo ecologista en mi ciudad natal, A Coruña. Un grupo maravilloso llamado Biotopo. Hacíamos un montón de actividades y campamentos relacionados con la naturaleza y la protección del medio ambiente. Pero ese grupo también estaba politizado y ampliábamos nuestras actividades a otros frentes.

Por ejemplo, en 1985, cuando el referéndum de la OTAN, participamos en una gran manifestación y *performance*. Yo tenía 11 años y fue algo que nunca olvidaré. Tengo grabado a fuego el lema: «*OTAN non, bases fora*» (OTAN no, bases fuera).

Así que, como te podrás imaginar, ese activismo y esa manera de entender la lucha social y política solo fue en aumento.

Cuando acabé el colegio, me fui a Madrid a estudiar en la universidad. Y ahí se abrió todo un mundo de posibilidades y mucho más activismo para mí.

Incluso la elección de mi carrera universitaria, antes se llamaba así y no grado, también fue algo muy influenciado por todo ese activismo que quería y necesitaba llevar a cabo.

Tenía claro que quería estudiar algo con lo que pudiese, de alguna manera, ayudar a las personas. Tanto mi madre como mi padre preferían que estudiase otra cosa, pero fui inflexible en mi decisión. Así que, viendo que no iba a cambiar de opinión y que estaba dispuesta a no ir a la universidad si no estudiaba Sociología, me propusieron un trato: yo elegía la carrera y ellas la universidad. Me dieron a elegir entre la de Deusto, en Bilbao, y la Pontificia, en Madrid. Y decidí irme a Madrid, que era como mi segunda ciudad, porque toda mi familia paterna vivía ahí.

Lo de ser atea y estudiar en una universidad de la Iglesia católica te lo cuento luego.

Aunque los primeros meses estaba en un colegio mayor, al lado del campus universitario, con bastante control, digamos, rápidamente empecé a ver el mundo de posibilidades que se cernía sobre mí, y comencé a involucrarme en determinados movimientos sociales.

De hecho, fue durante mis primeros años de universidad cuando me hice vegetariana. Ten en cuenta que, en esa época, hace ya más de veinticinco años, allá por finales de los años 90, no había el acceso a la información que hay ahora, ni mucho menos; no había apenas ni internet. (Escribiendo esto creo que soy mucho más mayor de lo que pienso).

Pero yo tenía una perrita a la que adoraba, una perrita a la que había rescatado años antes, cuando yo tenía 15 años y ella era una cachorra de pastor alemán de unos dos meses, muy asustada, porque un grupo de niños la estaban agobiando. Recuerdo a la perfección que me interpuse ante ellos, les recriminé su actitud, cogí en brazos a la perrita y aparecí en mi casa con ella.

Un drama, porque mi madre tenía un terror patológico a los perros, a todos. Me dijo que esa perra no iba a pasar ni una noche en nuestra casa, que ya podía buscar a su *dueña* (como así hice, pero sin ningún resultado) pero que no nos la íbamos a quedar bajo ninguna circunstancia… Tara, mi perrita, vivió 12 años maravillosos en nuestro hogar. Y mi madre hizo un trabajo increíble de superación personal con ella, forjando una relación preciosa sin ningún tipo de miedo.

Que como me enrollo… Total, yo sola en Madrid, echaba mucho de menos a Tara, y cuando me reunía con ella en vacaciones era algo maravilloso, así que empecé a pensar que si quería tanto a mi perra, y mi perra también me quería a mí, que sufría cuando me iba y que sentía de esa manera, ¿por qué me comía a otros animales que sentían exactamente igual que ella? Y así, sin información y sin conocer a nadie *veggie* a mi alrededor, dejé de comer animales terrestres.

Al poco tiempo dejé ya de comer también animales marinos, convirtiéndome así en una persona ovolactovegetariana. Aquello sí que era complicado, incluso en el centro de Madrid era una auténtica odisea encontrar un bloque de tofu o alguna leche vegetal en algún herbolario. Pero eso no influyó ni en mi posicionamiento ni en mi decisión.

Esta nueva faceta mía se sumó a otras que ya tenía, como la ecologista, y de esa manera comencé a llevar a cabo otros tipos de activismo, como, por ejemplo, manifestaciones en contra de McDonald's y Burguer King, no solamente por el maltrato animal, sino por el enorme impacto medioambiental que conllevan. De la interseccionalidad de luchas también hablaré más adelante.

Fui abriendo cada vez más mi abanico y me introduje en el movimiento social okupa. En aquella época existía un fuerte movimiento político y social en Europa que promovía la ocupación de edificios abandonados para rehabilitarlos y ponerlos al servicio de la comunidad, para luchar contra la especulación urbanística.

Así que, como tú comprenderás, con mi trayectoria, ¿cómo no iban a salir mis hijas también activistas? ¡Si en las famosas manifestaciones y reivindicaciones del 15M en 2011 en Madrid yo estaba manifestándome y embarazada de Antía! Mis hijas lo llevan, literalmente, en la sangre.

Por lo tanto, desde bebés han asistido a manifestaciones y su activismo con los años ha ido en aumento, desde vigilias en mataderos a disrupciones, pasando por entrar en granjas, etc.

Ni que decir tiene que siempre han sido ellas las que han decidido hacerlo o no y que, por supuesto, también hemos sido nosotras las que siempre hemos valorado la acción y tomado la última decisión. Me parece innecesario tener que decir que, lógicamente, nuestras hijas jamás han estado, ni remotamente, en peligro.

Voy a empezar por el activismo más sencillo y fácil de realizar: asistir a manifestaciones. En estos años de crianza mis hijas han asistido a decenas de manifestaciones, y no solamente animalistas, sino de otros temas de justicia social, como la defensa de la sanidad, la educación, en contra del genocidio de Gaza, las manifestaciones del 8M, a favor de los derechos LGTBIQ+,

Todo tipo de activismo. Manifestaciones, vigilias en mataderos, disrupciones, entrar en granjas, etc.

etc. Nuevamente, siempre manifestaciones seguras donde no hubiese ni cargas policiales ni nada por el estilo.

Y, teniendo en cuenta nuestro propio activismo y lucha por la liberación animal, también han realizado otro tipo de activismo que llama mucho más la atención y que mucha gente ni entiende ni comparte. Pero que tiene su lógica y razón de ser dentro de nuestro contexto.

Por ejemplo, el asistir a vigilias en mataderos de animales. Es decir, ir a las puertas de los mataderos y despedirse de los animales que entran en los camiones. Esto, cuando eres una persona vegana y que consideras que todos los animales sufren por igual y que todos son dignos de respeto, es muy doloroso. La primera vigilia a la que fue Antía tenía 7 años, y a todas las presentes les sorprendió su gran inteligencia emocional. Ella ya había visto vídeos de cómo eran y decidió asistir a una conmigo. Yo le había dicho que en cuanto ella quisiese, nos iríamos, pero quiso quedarse hasta el final. Fue la primera de muchas.

Navia, en cambio, solo asistió una vez a una, con 5 años. Se mantuvo todo el tiempo alejada y no ha querido volver a ninguna más. Y así ha sido. Porque en todo esto y en la crianza en general, lo más importante es dejar libertad, dar seguridad, mucho amor y permitir que ellas mismas decidan, respetando esa decisión, siempre y cuando ni su salud física ni mental estén en peligro.

También han participado en diferentes disrupciones. Hemos entrado en granjas, vuelvo a repetir, todo de manera muy segura y controlada, y también han participado en numerosos eventos para recaudar fondos para diferentes santuarios de animales.

Y también, por supuesto, han ido desde muy pequeñas a realizar labores de voluntariado a santuarios de animales, un activismo muy bonito y grato. Aunque quiero dejar algo muy claro, porque muchas veces se ve este tipo de activismo como una alternativa a la típica visita al zoo o la granja escuela, y no lo es en absoluto. Así que voy a explicarlo bien.

Excursión al zoo o la granja escuela

Para la inmensa mayoría de madres y padres, esto es un clásico dentro del sistema educativo en los primeros años, tanto de la escuela infantil como de la educación primaria. Y aquí, como en todo, cada familia vegana lo gestiona a su manera. Algunas deciden claudicar y que sus peques vayan, en pro de la socialización y de no negar o prohibir, y otras, como es nuestro caso, buscamos un plan alternativo chulo para que no asistan.

Quizás, en tu caso, te cueste más ver el maltrato animal en la granja escuela que en el zoo, que es como mucho más evidente, y, por suerte es algo que cada vez cala más en la sociedad en general. Pero el maltrato en la granja escuela, por desgracia, también existe. Imagínate tener animales, mal llamados «de granja», porque los animales no son de nada, encerrados y soportando a diario cientos de peques gritando, tocándoles, cogiéndoles, montándoles… El estrés y la falta de cuidados son enormes. Por no mencionar que resulta cuanto menos curioso que estén jugando con el pollito o el cerdito e interactuando con ellos y que luego, en el mismo centro y para comer, les estén sirviendo al primo de ese pollito o cerdito. Viva la disonancia cognitiva.

Por lo tanto, mis hijas no han ido jamás a este tipo de excursiones. Al vivir en Madrid, el día de la excursión a la granja escuela nos íbamos al parque de atracciones, y claro, era el planazo; de hecho, siempre estaban deseando que llegase el día de la granja para poder ir al parque de atracciones a pasar el día en familia y disfrutarlo a tope.

Pero existen otros muchos planes que se pueden hacer como alternativa, como una excursión a la naturaleza, un picnic en algún sitio bonito, visitar museos, etc. Lo que no es una buena idea es cambiar la excursión a la granja por la visita a un santuario de animales. Aunque lo pueda parecer. Te explico por qué no lo es.

Lo primero y más importante, es que un santuario de animales nunca debería de ser un sitio «visitable». Es decir, un santuario es el hogar definitivo de animales que provienen, en su gran mayoría, de la explotación, que llegan allí con heridas ya no solo físicas, sino lo que es peor, con grandes heridas psicológicas y con muchos traumas y miedos.

Por todo ello, su hogar debe ser su espacio seguro y sus cuidadoras sus personas de confianza. Cada animal, en base a sus circunstancias, necesitará unos determinados cuidados y tendrá unas necesidades concretas, y si realmente ponemos a los animales en el centro, como debería ser siendo personas veganas, nuestras hijas e hijos no están por encima de ellos y no debemos romper la tranquilidad de su hogar para que nuestra peque vea animalitos.

Siento ser una aguafiestas, pero es como lo veo yo. Y te digo más. Ya no solo ir de visita, es que ir solo un día de voluntariado tampoco es lo ideal. Ten en cuenta que, cuando vas a un santuario, las personas que lo llevan tienen que dedicar un tiempo que le están quitando al cuidado de esos animales a explicarte todo el funcionamiento, la personalidad y los cuidados de cada animal. Así que perder un día de su trabajo para que tú no vuelvas más tampoco es lo ideal.

En nuestro caso, somos voluntarias recurrentes, desde hace ya muchos años, de dos santuarios. Y es una experiencia maravillosa y enriquecedora. A mis hijas les encanta ir, pero también saben que van a trabajar, a limpiar cacas y comederos. Y que lo principal es respetar a todos los habitantes.

Presión social

Hay otro punto que no me gustaría pasar por alto, porque es algo que en ocasiones hemos visto con algunas familias veganas. Hay quienes dejan el veganismo por la presión social que se ejerce sobre las infancias veganas. Yo, personalmente, discrepo mucho de esa argumentación. Por supuesto, no estoy juzgando a nadie y cada persona y familia conoce sus circunstancias y motivaciones para tomar una decisión u otra, pero sí que quiero explicar por qué, bajo mi experiencia y formación, utilizar ese argumento para dejar el veganismo conlleva intrínseco un mensaje que puede resultar muy peligroso.

Se alega para explicar esa presión social que las peques notan que son diferentes, y que esto complica la socialización. Y es aquí donde veo la peligrosidad del mensaje. Porque lo que deberíamos hacer es, precisamente, educar y criar en el empoderamiento de la diferencia, en el respeto, la inclusión y la diversidad.

Mi hija pequeña, además de vegana, es autista, y ella está muy orgullosa de su condición, de ser diferente, de sentir diferente. Si criamos y educamos con miedo a esa diferencia, a sentirnos no incluidas, estamos realmente fomentando esa normalidad tóxica que hace que las personas que son diferentes, sea por el motivo que sea, estén mucho más expuestas a *bullying* y acoso.

No quiero normalidad, quiero un mundo lleno de diferentes colores, de diferentes matices, quiero un mundo real, libre, sin miedo, quiero un mundo donde nadie sea normal porque realmente todas seamos diferentes, quiero un mundo donde no se señale a nadie y todas seamos respetadas por igual.

Criemos en la empatía, en el respeto, en la tolerancia y en la diversidad. Es la única manera de que, como sociedad, seamos mejores.

Si por miedo a ser diferente rompemos incluso nuestros propios principios éticos, estamos lanzando un mensaje muy peligroso a la sociedad. Y creo que deberíamos reflexionar sobre ello. Porque la inclusión y la equidad deberían ser algo inherente a nuestra sociedad, y las personas que llevamos muchos años luchando por una inclusión real sabemos que esto se consigue, precisamente, visibilizando la diferencia en cada persona.

Por no decir, claro, que la normalidad está absolutamente sobrevalorada y es tremendamente soporífera.

Seguimos...

Como puedes ver, esto de la crianza vegana es todo un periplo y da para mucho, porque afecta a tu día a día y a muchísimas decisiones. Es un desgaste continuo estar siempre nadando contracorriente, sobre todo cuando ves que la sociedad avanza más lento, pero muchísimo más lento de lo que tú querrías.

Ahora mismo, con Antía con casi 13 años y Navia con 10, ya hemos luchado y nadado mucho, y vamos entrando en otra fase donde ellas ya van también cogiendo las riendas de sus propias decisiones de una manera mucho más firme y segura. No es que antes no lo hiciesen, sino que ahora tienen también que empezar a enfrentarse a situaciones nuevas para ellas, como la presión de grupo en edades ya de por sí complicadas y vulnerables.

Y a colación quiero terminar con una pregunta que se repite mucho en redes: «¿Y si tus hijas quisieran comer animales, se lo prohibirías?». Ya he dejado antes claro que mis hijas toman sus propias decisiones respecto a esto desde que tienen uso de razón. Pero es ahora, en esta etapa, cuando se pone realmente en práctica toda la educación y el sistema de valores que hemos fomentado en casa.

Es totalmente lógico y entendible que si el veganismo es un posicionamiento ético, con nuestro dinero no vamos a fomentar el maltrato animal, así que si mis hijas quisiesen comer animales en nuestra casa, no podrían hacerlo.

Pero es que a ellas no se les pasa ni por la cabeza. De hecho, en alguna ocasión que hemos sacado el tema, también para que ellas vean que tienen libertad total en sus decisiones, se han enfadado mucho, no quieren ni oír hablar del tema. Por ejemplo, Antía, la mayor, está siempre pendiente de leer los ingredientes cuando sale a dar algún paseo con sus amigas y se quiere comprar algo, y cuando asisten a alguna celebración o cumpleaños se aseguran muchísimo de que lo que comen sea apto para ellas.

Algunas dirán que es adoctrinamiento, pero realmente es criar en valores éticos que respetan toda vida.

Es más, curiosamente, lo que más me he encontrado en redes son casos de niñas o adolescentes que quieren ser veganas y que su familia no les deja. De hecho, al revés no he conocido ningún caso, hasta la fecha. Entiendo perfectamente que esa negativa de las familias es muchas veces por miedo o por falta de información, pero la información es accesible y las profesionales de la salud que pueden acompañar en ese proceso también lo están.

Por supuesto que deseo que mis hijas continúen siempre con sus fuertes valores y que no consuman animales, pero, al final, ellas son libres de tomar sus propias decisiones y elegir su propio camino en la vida.

Al fin y al cabo, esto es la crianza desde el respeto y el amor, ¿no?

3 Ateísmo

Rompiendo con las tradiciones religiosas socialmente impuestas y creando las nuestras propias.

Los caminos del Señor son inescrutables… Y en mi caso, nunca mejor dicho.

Que nadie se ofenda, por favor, que es sarcasmo. Porque aunque soy una fiel defensora de la frase de Karl Marx «La religión es el opio del pueblo», también soy muy respetuosa con el credo de las personas y con sus principios religiosos. De la misma manera, exijo para mí ese mismo respeto con mi ética y valores.

Creo muy importante en esta vida evolucionar y cambiar, aprender de las circunstancias, de los errores y de las decisiones. Cuestionarnos, ser autocríticas y reflexivas. Lo de dar las cosas por sentadas y no cuestionarse el *statu quo* no va nada conmigo, como ya habrás podido observar.

Así que, para profundizar en este tema tan complejo, empecemos por el principio, es decir, por el tipo de educación religiosa que tuve en mi casa.

Podríamos decir que fue diversa. Mi padre era ateo, de hecho, muy ateo, odiaba la Iglesia católica por encima de todas las cosas. Por su parte, mi madre era católica practicante. Así que, desde que tengo uso de razón, he podido convivir con esas dos posiciones tan dispares y que siempre se han respetado en mi casa. Y esto ha sucedido, principalmente, porque mi madre y mi padre, antes de casarse, ya habían acordado cómo manejarían el tema de la religión en su hogar y con su futura familia, o sea, yo.

Ahora que lo pienso, me recuerda un poco al acuerdo que tuve yo con Pablo cuando decidió venirse a mi casa a vivir y cuando decidimos también ampliar la familia respecto a mi posicionamiento ético y el veganismo. Qué importantes son los acuerdos y el respeto en las parejas siempre, ¿verdad?

Prosigo. Se casaron por la Iglesia, pero en su boda no hubo comunión. También me bautizaron e hice la primera comunión, y mi padre aceptó sin ningún tipo de problema, pero le recuerdo de pie todo el rato durante la ceremonia. Cuando yo, con 16 años decidí hacer la confirmación, también estuvo presente, de pie. Así que nunca interfirió en mi fe, pero, *spoiler*, he de reconocer que cuando con 20 años me hice atea, se puso muy contento.

Y ahora te cuento un poco mi camino. Mientras era pequeña, pues poco me cuestionaba y tampoco era de ir a misa todos los domingos. Pero todo eso empezó a cambiar durante mi adolescencia, porque aunque iba a un colegio privado y laico, fuera de ahí tenía un grupo de amigas que eran muy religiosas, algunas incluso pertenecían al Opus Dei. Así que en esa época sí que iba a misa todos los domingos y fiestas de guardar. Pero aún hay más: era catequista, es decir, preparaba a peques para hacer la primera comunión. No puedo evitar pensar mientras escribo esto que parece que estoy hablando de otra persona.

Fue en esa misma época cuando decidí recibir la confirmación, algo totalmente lógico en ese momento de mi vida.

Pero a los 17 años toda mi fe empezó a tambalearse de una manera muy rápida a raíz de un hecho muy trágico y que me marcó mucho. Unas personas de mi círculo cercano tuvieron un accidente de coche, en el que fallecieron dos chicos con 18 años y un familiar muy cercano quedó gravemente herido.

Fue una experiencia muy traumática, era la primera vez que yo iba a un tanatorio para despedir a alguien tan joven. Ver tanto dolor y tantas vidas rotas me marcó de una manera definitiva.

Por desgracia, durante los dos siguientes años tuve que asistir de nuevo varias veces a diferentes tanatorios para despedirme de otros chicos igual de jóvenes. Todos ellos muertos en accidentes de tráfico.

Y esto, lógicamente, marcó un punto de inflexión en mi fe.

Empecé la universidad ya con muchísimas dudas y preguntas sin respuesta, y siendo ya agnóstica. Lo de ir a una universidad de la Iglesia católica fue algo circunstancial, como ya te he explicado antes. Pero curiosamente, puedo decir que acabó dándome el empujón que me faltaba para ser atea convencida. Durante los primeros años de carrera, seguí cuestionándome muchas cosas, y, en especial, era muy crítica con todo el tinglado que había alrededor de la religión católica, porque además lo vivía muy de cerca en mi propia universidad. Cada inicio del curso escolar acudía el cardenal Rouco Varela a darnos una charla en calidad de antiguo alumno de la universidad, la Pontifica de Salamanca, como arzobispo de Madrid en aquella época. Y a esta charla era muy recomendable asistir, porque una de las asignaturas obligatorias durante todos los años de carrera era Ética social, un verdadero eufemismo, porque eso era religión pura y dura, que además la impartía un cura, y como no asistieses a esa charla, aprobar su asignatura era bastante más complicado, podríamos decir.

Una de las cosas que más amo de mi carrera, Sociología, es cómo te hace pensar, reflexionar, ser crítica y analizar todas las creencias siempre desde varias perspectivas. Así que, tras mucho leer a diferentes filósofos, humanistas e incluso teólogos, avancé en mi agnosticismo hasta convertirme en una persona atea absolutamente convencida. Hasta hoy. De hecho, desde hace ya también unos cuantos años soy apóstata, y superorgullosa de ello. Me costó un poco conseguirlo, porque tuve que solicitarlo en el arzobispado de Santiago de Compostela, uno de los más poderosos del mundo, y además yo había hecho hasta la confirmación en plenas facultades mentales, porque cuando apostatas y solo estás bautizada o has hecho la primera comunión, argumentar por qué quieres darte de baja de la Iglesia católica resulta más fácil. Pero claro, cuando ya de «adulta» has hecho incluso la confirmación voluntariamente, es algo más difícil. Aun así, tras mi segundo escrito me dieron de baja. ¡Cómo lo celebré! Guardo esa carta con mucho cariño y orgullo.

Pero en mi caso, además de atea soy tremendamente escéptica y pragmática. No creo en nada, ni en otra vida, ni otra dimensión, ni en la reencarnación, ni en las energías… En nada. Tan solo creo en el presente y en que cuando nos morimos permanecemos de alguna manera vivas en el recuerdo de las personas que nos han querido o a las que hemos marcado de una manera u otra, más allá de determinados rasgos genéticos.

Encarar la muerte con esta premisa no es nada sencillo, porque de alguna forma, cuando eres creyente, eso mitiga, en cierto grado, el dolor; te aferras a que está en otro sitio más feliz, o que un dios decidió que llegó su hora en la tierra o cualquier tipo de creencia religiosa sobre el más allá. Pero claro, cuando eres atea, no te queda nada, solo el recuerdo de los momentos vividos y un dolor profundo y agudo sin ningún tipo de esperanza.

Transitar ese dolor y ese duelo es de lo más duro que hacemos como seres humanos. Además, en esta sociedad tan terriblemente capitalista y productiva no hay apenas espacio para el duelo, apenas se habla de él y nadie nos prepara para esas pérdidas inevitables.

Yo, desde mi trágica experiencia personal, recomiendo siempre acudir a una buena profesional sobre el duelo. En mi caso acudí a terapia tanto individual como grupal, y eso me salvó.

Y ahora mis hijas, sin haber conocido a su abuela y abuelo maternas, saben mucho de ellas, porque las tenemos siempre presentes. Antía, por ejemplo, sabe que su don para tocar el piano lo ha heredado de su abuelo Gerardo, y sus mágicos ojos claros de su abuela Chiruca. Navia sabe que sus remolinos en el pelo son herencia del abuelo Gerardo y que su sentido de la justicia se debe a su abuela Chiruca. Y así, mi madre y mi padre continúan presentes en nuestra vida, y mientras los recordemos, así será.

Por suerte, Pablo también es ateo. Él no tuvo mi camino, porque no está ni bautizado, y nunca creyó en ningún dios. Así que lo lógico era también criar a nuestras hijas en el ateísmo. Curiosamente, esto no está tan cuestionado ni levanta tantas ampollas como criarlas en el veganismo, ni jamás me han criticado que estaba adoctrinando a mis hijas por criarlas en el ateísmo. Una vez más, la doble moral y la disonancia cognitiva en todo su esplendor.

Pero sí que hay un tema que también molesta mucho y levanta ampollas, y que para mí va relacionado con nuestro ateísmo, y es cómo gestionamos, por ejemplo, el tema de la Navidad y los seres imaginarios como los Reyes Magos, Papa Noel, etc.

Nuestra no-Navidad

Como les sucede a muchas personas que han sufrido pérdidas de seres queridos, la Navidad es una época muy complicada, las ausencias y las sillas vacías causan un dolor muy profundo, en una época donde además todo gira en torno a la felicidad, incluso impuesta muchas veces, y a la familia, también impuesta siempre, para bien o para mal.

Desde la muerte de mi madre y mi padre, la Navidad para mí acabó. Y cuando comencé a salir con Pablo, en esas fechas solíamos viajar para intentar desconectar lo más posible de todas esas celebraciones, a casas rurales perdidas en montañas o incluso a países musulmanes como Turquía o Marruecos, para que nada nos recordase a la Navidad.

Cuando decidimos aumentar la familia, modificamos un poco esto, sobre todo al principio, y también en parte por presión social, aunque en ese momento no fuésemos ni conscientes de ello. Te explico.

Cuando nació Antía, decidimos que eso de los Reyes Magos no iba nada con nosotras, por toda la carga religiosa que además tiene, así que nos inventamos una figura mágica que nos traía regalos el 1 de enero, por el día de Año Nuevo: el Elfo de Año Nuevo. Hasta Pablo se inventó un cuento maravilloso que narraba su historia. Pero cada vez nos gustaba menos la idea de creer en cualquier tipo de personaje imaginario y no nos sentíamos nada cómodas haciéndoselo creer a nuestra hija. Así que, cuando nació Navia, en esas Navidades decidimos que ya no queríamos seguir con esa mentira, y, aunque Navia era una bebé, no íbamos a mentirle más.

Antía tenía tan solo 3 años, y recuerdo perfectamente estar en el sofá de casa, las cuatro sentadas, decirle que el Elfo no existía, y Antía, muy seria, y tras un largo silencio, mirarnos fijamente y espetarnos: «¿Por qué me habéis mentido?». Eso nos derrumbó y nos hizo ser plenamente conscientes de nuestro error. Nuestra respuesta fue muy sincera, le dijimos que pensábamos que era lo mejor, que todo el mundo lo hacía así, creando personajes imaginarios, y que era ahora cuando nos dábamos cuenta del error.

Antía, todavía hoy, nos lo sigue recordando, se le quedó grabado y nos lo sigue echando en cara.

Con esto no estoy juzgando a nadie ni estoy diciendo que todo el mundo lo haga mal, en absoluto, con esto lo único que estoy contando es mi experiencia, la nuestra, en base a nuestras circunstancias y lo que para nosotras era lo más acorde a nuestra manera de criar.

Inciso

Sé que este debate levanta ampollas y crea verdaderos momentos incómodos en las aulas y entre las familias, pero hay algo que yo tengo muy claro, y sé que muchas veces no gusta escucharlo, pero, por favor, no podemos hacer responsables de nuestras mentiras a nuestras hijas e hijos.

En mi caso, mis hijas nunca han contado nada, han mantenido en secreto que no existían porque así se lo hemos explicado siempre en casa, que en tema creencias hay que ser muy respetuosa y no decir nada, pero si ellas, siendo pequeñas, en algún momento lo hubiesen dicho, desde la inocencia de una niña, no toleraría ningún tipo de cuestionamiento ni recriminación, ni a mí ni mucho menos a ellas. He sido testigo de verdaderos linchamientos a amigas en grupos de WhatsApp del cole porque a su hija pequeña se le «escapase» que los Reyes no existían. Esto es intolerable. Por favor, reflexionemos sobre ello.

De hecho, me recuerda mucho todo este constructo social basado en el engaño y la mentira al que hacemos con el veganismo y lo de los «animales nos dan cosas», de lo que ya he hablado en el capítulo anterior, todo ese pacto social tácito de no explicarles a las niñas y niños de dónde viene su comida realmente, de emplear mil eufemismos para ocultar la triste y cruel realidad. Recuerdo una anécdota buenísima que refleja a la perfección todo esto.

Con 4 años, Navia comenzó en un colegio nuevo. El primer día de clase venía super feliz porque, según ella, todas las compañeras y compañeros de su clase eran veganas. Evidentemente nos dimos cuenta de que esto era imposible y le preguntamos que cómo lo sabía. Nos contó que su profesora le pidió que se presentase, al hacerlo ella dijo que se llama Navia y era vegana, la clase le preguntó que qué era eso, y ella respondió que era vegana porque no comía animalitos. Inmediatamente toda la clase empezó a decir: «¡Ah, pues yo también, yo tampoco como animales!». Y claro, Navia, estaba pletórica.

Porque realmente existe todo un sistema que oculta la realidad, que llama ternera a un bebé lactante de vaca que no quería morir y que gritó por su vida hasta su cruel final. Que llama pechuga al cuerpo de un bebé de pollo de 45 días de edad, que es cuando envían a los pollos broiler, el más consumido en la industria, al matadero. Porque cuando sí llevarías a tus peques a cortar flores por el campo, pero no a un matadero de animales es porque, en tu fuero interno, sabes que esto no está bien, por mucha «ley de vida» o «cadena alimenticia» que quieras justificar.

¿Te das cuenta de hasta qué punto el sistema está estructurado sobre la mentira y la ocultación? Pues por esto, repito, no son mi responsabilidad las mentiras de las demás.

Sí, me he puesto muy intensita, pero es que este tema me parece tremendamente injusto y me da mucha rabia, y a veces, la vehemencia me sale sola. Pero ya estabas avisada, ja, ja, ja. **Cierro inciso.**

Así que, desde ese preciso momento, dejamos de hablarles de personajes imaginarios y les dijimos la verdad, a las dos, siempre. Porque la magia y la ilusión no se pierden por decirlo. La magia y la ilusión es compartir ese tiempo en familia con calidad, hacer planes juntas; es ver las películas de Harry Potter o, incluso, ir a comprar los regalos. Puede sonar muy extraño, pero mis hijas desde pequeñas han ido a las jugueterías y han elegido sus regalos del Elfo de Año Nuevo, porque sí, ya sabemos que no existe, pero eso no quita para que nos guste darnos regalos en un día tan especial y significativo como ese.

En cuanto a regalos, también hemos ido evolucionando y cambiando un poco. Si bien los primeros años pecábamos de regalar demasiado, con el tiempo nos fuimos dando cuenta de que ese consumismo desmedido tampoco nos representaba y que queríamos inculcarles otros valores a nuestras hijas. Comenzamos usando la regla de los 4 regalos:

- Algo que sirva para llevar: ropa, calzado, complementos…
- Algo para leer.
- Algo que realmente quieran.
- Algo que realmente necesiten.

Pero incluso esta regla, una vez más, era adaptada a nuestras circunstancias, porque no todos los años son iguales ni las necesidades lo son. Eso sí, evitamos regalar muchas cosas y siempre poniendo unos límites claros, consensuados y conscientes.

Decir que esto lo hemos conseguido en nuestra casa; en casa de abus siempre ha sido imposible, son sus únicas nietas, así que batalla perdida. También es muy importante saber elegir nuestras batallas, en esto y en todo en la vida.

Y, con los años, pues también hemos ido cambiando y adaptando las normas. Ahora, por ejemplo, solemos regalar más experiencias que regalos físicos. Y siempre, eso sí, apostando por regalos lo más sostenibles posible, o incluso, muchas veces, de segunda mano. Pero esto te lo explicaré más detenidamente en otro capítulo.

Cenas de Navidad y familia

Aunque en muchas familias, reunirse en estas fechas se hace más por tradición que por religión, no dejan de ser fechas con una fuerte tradición religiosa detrás. Ya te comenté que antes de tener a nuestras hijas solíamos viajar en estas fechas, sobre todo en Nochebuena, ya que la Nochevieja no tiene tanto peso religioso ni familiar. Pero al nacer las peques, intentamos reunirnos con la familia en Nochebuena y en Nochevieja, y digo intentamos, porque al final tampoco resultó cómodo para nosotras ni para las familias. Te cuento por qué.

De nuevo el veganismo juega un papel determinante en esta situación. Como puedes volver a comprobar, es una columna vertebral en nuestra vida sobre la que se sustentan otras muchas cosas. Y aunque ya sabemos que el veganismo va mucho más allá de la alimentación, no cabe duda de que la comida es el gran eje central sobre el que gira también gran parte del veganismo; de hecho, la gran mayoría de la explotación y maltrato animal que existe es, precisamente, para alimentación. Y, al mismo tiempo, la comida es algo sumamente cultural y que forma parte intrínseca en nuestra manera de relacionarnos, con lo cual, si el veganismo ya influye a diario en tu vida mínimo tres veces al día en condiciones «normales», imagínate en esas grandes

Cenas de Navidad. Existen muchas opciones 100% vegetales para preparar una cena festiva evitando el sufrimiento animal.

celebraciones donde prácticamente todo gira en torno a mesas llenas de animales muertos. Es una situación realmente complicada para cualquier persona vegana.

Y me gustaría hacer aquí un pequeño apunte: para las personas veganas, sentarnos en mesas llenas de animales es un dolor terrible, y lo hacemos, única y exclusivamente, por amor a nuestras familias y personas cercanas. Esto, por desgracia, ni se entiende muchas veces, ni se valora. Incluso, hasta en ocasiones, ni se respeta y somos motivo de chascarrillos, bromas o cuestionamientos. Por favor, ante todo, respeto y empatía. Y, en la medida de lo posible, facilitar esas comidas o cenas a personas veganas, como, por ejemplo, no llevando animales explícitos, como cochinillos, a los centros de las mesas, intentar que haya un porcentaje importante de deliciosa comida vegetal para todo el mundo, no estar pasando por delante de la persona vegana platos con trozos de animales, etc.

Como te decía, los primeros años de nuestras hijas tratamos de cenar en familia en Nochebuena, concretamente con la familia de Pablo. Pero hubo un punto de inflexión que marcó la diferencia y el dejar de hacerlo.

Cuando Antía tenía 3 años y Navia unos meses, durante la cena con toda mi familia política, Antía nos preguntó qué había en el centro de la mesa. Era ternera en salsa, pero yo le respondí: «Es un bebé de vaca, cariño».

La tensión se hizo evidente, se me recriminó el decirlo de esa manera y se me sugirió que se lo podía haber dicho de otra manera, pero claro, volvemos a lo de siempre, al eufemismo para ocultar la realidad de lo que realmente es. Y en esa cena decidimos que no era necesario volver a pasar por ese tipo de situaciones incómodas para todas, tanto para nosotras como para el resto de la familia. Así que decidimos reunirnos en otras ocasiones más amables para todo el mundo, donde la comida no jugase un papel tan protagonista.

Creando nuestras propias tradiciones en familia

He de reconocer que, para nosotras, el no seguir participando de esas «obligaciones» sociales y familiares fue una liberación. Y esto, en nuestro caso, no tiene nada que ver con el amor a nuestras respectivas familias. Nos seguimos viendo y reuniendo en otras circunstancias pero que no conllevan esos imperativos sociales con lo que no nos sentíamos nada identificadas.

Sé perfectamente que son fechas muy complicadas para muchas personas, y me llama la atención lo que le cuesta a la mayoría romper con esas tradiciones que, incluso, hacen daño.

De hecho, hay algo muy llamativo. Cuando en alguna conversación sale el tema de que no celebramos las Navidades, las personas siempre se sorprenden y su primera reacción es decirnos: «¡Qué suerte!».

Realmente no es una suerte, es una decisión meditada basada en nuestras circunstancias y deseos personales. Una decisión no exenta también de consecuencias, pero que asumimos y entendemos.

Lo que a mí me cuesta más entender es por qué a tantas personas les sigue pesando tanto la tradición y siguen transigiendo con algo que les hace incluso daño. Faltas de respeto gravísimas en las mesas, preguntas incómodas y fuera de lugar, incluso irrespetuosas u ofensivas, cuñados insoportables por todas partes… Y ya, cuando a todo eso le añades el ser una persona vegana, multiplícalo por mil. El *cuñao*, de repente, es experto en nutrición y te empieza a explicar que necesitas animales para poder vivir y que no sé qué de las proteínas y de la leche y de que te van a faltar no sé cuántas vitaminas. Agotador no, lo siguiente. Mi consejo no solicitado es que, si tienes que ir, no entres al trapo, e intenta explicar, con asertividad, que no es el momento ni el lugar para tener ese tipo de conversación.

Yo, sinceramente, no veo la necesidad. Otra cosa es que tengas una familia maravillosa donde se respeta y donde todo se hace desde el amor y la compresión, y que a ti te compense y nutra seguir compartiendo esas fechas con ella. Entonces, por supuesto, adelante... ¡y enhorabuena!

Como en nuestro caso no nos compensaba sentarnos en mesas llenas de animales, decidimos empezar a crear nuestras propias tradiciones en familia. Y, sinceramente, qué bonito lo hemos hecho.

Teníamos claro que eso de la Nochebuena y el supuesto nacimiento de Jesús no lo íbamos a celebrar de ninguna manera. Y digo supuesto, porque según datos históricos y cronológicos, el nacimiento de Jesús no fue en absoluto el 24 de diciembre, de hecho, se eligió esa fecha intencionadamente. Los primeros registros de la elección datan de la época del emperador romano Constantino, para facilitar la transición y conversión de las celebraciones paganas del «Sol Invictus» que se hacían justo en esa época del año.

Pero es más, como buena gallega, y siendo Galicia uno de los siete países celtas, me siento muy atraída por toda la cultura celta y sus ancestrales tradiciones, y las celtas celebraban el solsticio de invierno, la noche más larga del año, el 21 de diciembre. Esta celebración duraba varios días, las casas se decoraban con muérdago en las puertas y decoraban los árboles con adornos. Te suena un poquito a apropiación cultural, ¿verdad? Así que pensamos que sería una buena celebración que incorporar a nuestra familia.

Y siguiendo esa tradición, nuestra casa también se decora, ponemos un árbol con adornos y nuestro hogar se llena de elfos, enanos y objetos que nos recuerdan al invierno que llega.

Y así lo hemos hecho desde hace ya muchos años. El 21 de diciembre lo celebramos las cuatro solas, con una gran cena. Quemamos el tronco de Yule, que lo hemos guardado durante el año, otra tradición celta de esa noche: el tronco simboliza todo lo malo que ya queda atrás. Suerte también de tener una casa con chimenea, claro.

Hacemos un ritual donde escribimos nuestros propósitos para el próximo año, cada una lo lee en voz alta y lo guardamos en una cajita. En otro papel escribimos todo lo que queremos dejar atrás del año anterior, lo leemos en voz alta y lo quemamos en la chimenea junto con los propósitos ya cumplidos del año anterior.

Luego, haciendo un círculo y cogiéndonos de las manos, decimos las cosas importantes que queremos que continúen y lo que debemos seguir cuidando y protegiendo. Cada elemento está presente: fuego, agua, tierra y aire. También encendemos velas, y cada una representa una cosa según el color: amor, paz, bondad y prosperidad.

Es una noche de amor y de paz, pero de verdad, sin compromisos, conversaciones incómodas ni muerte en los platos.

Es una noche para sentir, para pensar y conectar, para reflexionar e incluso renacer.

Y todo esto siendo cero espiritual como soy, te habrá sorprendido quizás, pero el haber creado esta tradición tan nuestra, tan de las cuatro, es algo tremendamente especial.

Te invito a crear tus propias tradiciones, a hacer cosas que realmente te hagan felices. Recuerda que somos libres para elegir nuestro propio camino.

Así que, nuestra noche especial es el 21 de diciembre. Por lo tanto, el 24 no celebramos nada y cenamos las cuatro como otro día normal.

Y el 31 de diciembre, la Nochevieja, durante varios años en Madrid hacíamos fiestas en casa con amigas y amigos veganas, pero tras la pandemia y venirnos a vivir al entorno rural, lo celebramos las cuatro solas. Y estupendamente también. Y ya el 1 de enero nos entregamos los regalos que hemos colocado en el árbol.

Y aquí se acaban nuestras fiestas en esas fechas.

Sé que para algunas personas esto es poco menos que una aberración, «privar» a nuestras hijas de una tradición como es la Navidad, de la ilusión de los Reyes Magos o Papá Noel, de estar con la familia… Pero eso es tan solo la fuerza de la costumbre, de seguir perpetuando un *statu quo* sin ningún tipo de cuestionamiento ni crítica. Eso es también, en muchas ocasiones, el miedo al cambio, a salirse del redil y hacer las cosas diferentes.

E insisto, cada persona tiene sus circunstancias y sabe mejor que nadie por qué hace lo que hace y toma las decisiones que toma, pero te puedo asegurar que si es por miedo a que tus hijas o hijos pierdan la ilusión o la fantasía, eso no sucede en absoluto. Porque cuando generas un fuerte vínculo de confianza con ellas, y cuando lo que prima es el amor y el disfrutar y pasar tiempo de calidad en familia en esas fechas, esa es la verdadera magia.

Para mí era del todo incongruente montar un belén, literalmente, y seguir toda la parafernalia cristiana del nacimiento de un dios en el que no creo. Y sí, también sé que para muchas personas estas fechas ya no tienen esa fuerte carga religiosa, sino que lo hacen más por la tradición y por ver a la familia, pero, aun así se sigue participando activamente de unas fechas que son hiperconsumistas y que, además, tienen una fuerte carga emocional para muchas personas. Es una especie de espejismo en el que tienes que estar bien, comprar mil cosas y consumir otras diez mil, durante dos semanas al año, y todo ello además sin una finalidad clara.

Porque por ejemplo, en otras religiones como en el islam, el mes sagrado del Ramadán es una época mucho más espiritual, de familia, de retrospección… Un mes donde revisarse y hacer balance para buscar la mejora en el próximo año, un mes de buenas obras y de mejorar como personas, de ayuda al prójimo, de servir a la comunidad, etc. Es más, incluso se desaconsejan todo lo que sean festines o malgasto de comida. Como puedes ver, nada que ver con la Navidad actual, que pienso se ha desvirtuado totalmente en nuestra sociedad y tradición actual, convirtiéndose en una vorágine meramente consumista.

Otros seres mitológicos

Lógicamente, el no creer en personajes de ficción como los Reyes Magos o Papá Noel, es extrapolable a otros seres que se asocian a seguir creando esa magia e ilusión en las infancias, como el Ratoncito Pérez o el Hada de los dientes.

Resumiendo…

Por lo tanto, lo más lógico y acorde a nuestros principios era no celebrar la Navidad, y, de nuevo, volver a criar a contracorriente en un mundo que te marca el camino que quiere que sigas desde que naces. Pero como ya has visto, se puede hacer diferente, sin dramas y sin traumas. Pero siempre, desde el amor, la compasión y el respeto.

4 Sostenibilidad

Del consumismo desmedido
al decrecimiento.

Otro temazo que tiene varios melones que abrir es la sostenibilidad. Vayamos por partes.

Lo primero, voy a hablar de una corriente antinatalista y mi-
sántropa que existe dentro del veganismo, por la cual algunas
personas veganas atacan a otras por el hecho de tener descendencia. Evidentemente yo, con dos hijas, no soy una de ellas.

Eso no quita para que entienda a la perfección el consumo
desmedido y la inconsistencia de este sistema capitalista que
todo lo aniquila y lo destruye.

Y también entiendo y acepto que, aunque críes en unos determinados principios éticos, cuando tu progenie crezca no
existe la certeza absoluta de que los vayan a seguir cumpliendo.

Soy del todo consciente de este sistema de producción masiva, donde los animales no humanos, así como el planeta, sufren
las consecuencias devastadoras de nuestras decisiones y acciones. Por eso, cuando decidí ser madre, tenía tan claro que mis
hijas no consumirían animales, porque no quería, bajo ningún
concepto, que fuesen partícipes de todo ese horror.

Mi teoría es que necesitamos traer a este mundo, que está tan malito, muchas personitas nuevas criadas en valores como la empatía, el respeto, la solidaridad, el amor... y que serán las nuevas generaciones quienes viren toda esta situación tan dramática que estamos viviendo en la actualidad en nuestro planeta. Quizás sea un poco utópico, porque estamos llegando al denominado punto de no retorno. Por si nunca has escuchado hablar de esto, son varios aspectos que han analizado diferentes comités de personas expertas (Grupo Intergubernamental de Expertos sobre el Cambio Climático, IPCC por sus siglas en inglés) hace ya más de dos décadas (ya vamos tarde), y que si se traspasan, la destrucción y el colapso total de nuestro planeta, sería irreversible. Los aspectos o puntos son:

- El colapso de la capa de hielo de Groenlandia.
- El colapso de la capa de hielo de la Antártida Occidental.
- El colapso de la circulación oceánica en la región polar del Atlántico Norte.
- Extinción de arrecifes de corales en latitudes bajas.
- Derretimiento repentino del permafrost (capa de suelo permanentemente congelado) en las regiones del norte.
- Pérdida repentina de hielo marino en el mar de Barents.

Y no es por ser alarmista, pero actualmente —y estos son solo algunos datos de Naciones Unidas—, Groenlandia y la Antártida pierden hielo seis veces más rápidamente de lo que lo hacían hace treinta años, y la capa de hielo de Groenlandia se ha reducido de manera continua durante los últimos veinticinco años debido al cambio climático.

Y aunque es cierto que algunos de los puntos de no retorno es difícil que ocurran, no debemos olvidar que todos ellos están interconectados, y si uno comienza a fallar hay un alto número de posibilidades de que el resto también lo haga.

No es mi intención seguir agobiándote con datos sobre lo mal que están las cosas en nuestro planeta y lo mal que lo estamos haciendo fomentando esta situación. Pero sí creo muy importante que vuelvas a reflexionar de nuevo sobre nuestro impacto, sobre nuestras decisiones.

Pero yo, aun así, decidí tener a mis hijas, y no una, sino dos. Ya te conté en el primer capítulo que mi primera opción fue la de adoptar, como «buena vegana», y te hablé de todas las falsas expectativas y creencias que existen en torno a la adopción.

También quería reflexionar sobre una cosa, y es que muchas veces, detrás de ese antinatalismo y misantropía, lo que se esconde es realmente un racismo y clasismo muy arraigados. No debemos olvidar que cualquier familia del Norte Global tiene un impacto mucho mayor que cualquier otra familia del Sur Global con muchos más miembros. Porque el problema estructural es realmente el sistema de consumo del Norte Global, robando, además, todos los recursos naturales al Sur Global.

Y en este camino de la sostenibilidad también he tenido un recorrido, porque, como en todo proceso personal, he pasado por varias etapas.

El veganismo y la sostenibilidad van muy de la mano. De hecho, muchas personas llegan al veganismo desde la sostenibilidad y la reducción de su consumo, empezando, cómo no, por el enemigo número 1 para tantas personas: el plástico.

Pero permíteme que analice si el problema principal es el plástico, que es un gran problema, por supuesto, y debemos reducir drásticamente su consumo. Pero quizás haya algunos datos y cifras que desconoces.

Según la FAO (Organización de las Naciones Unidas para la Alimentación y la Agricultura), el 70% del agua que se gasta a nivel mundial es para la comida. Pero de aquí se extraen más datos que son irrefutables y muy esclarecedores. Solo para obtener 1 kg de carne de ternera se necesitan 15 000 litros de agua. De hecho, solo para una hamburguesa de carne se necesitan 2500 litros. Supongo que si no sabías esto estarás alucinando, pero aún hay más.

Para 1 kilo de carne de cordero se necesitan unos 8700 litros de agua. Para 1 kilo de carne de cerdo, 6000 litros. Para 1 kilo de carne de pollo, 4300 litros… Y no voy a seguir, pero te haces una idea de lo que significa esto, ¿verdad? Y ahora viene lo mejor de todo. ¿Sabes cuántos litros de agua se necesitan para obtener 1 kilo de lentejas? 50 litros. ¿Cómo te quedas?

Y es por esto que no hay verdadera sostenibilidad sin veganismo. Y sé también que a las *haters* del plástico y superfrikis del *zero waste*, pero que no son veganas, esto no les gusta nada, pero lo siento, los datos no nos dejan lugar a dudas. No me vengas con que mi hamburguesa viene en plástico cuando para hacer mi hamburguesa de soja se han empleado miles de litros de agua menos que para hacer la tuya, aunque te la hagas en tu casa.

Tampoco estoy diciendo que como personas veganas no seamos conscientes de la problemática del plástico. Vuelvo a repetir que es fundamental reducir su consumo y apostar por productos muchos más sostenibles. Pero por favor, reflexionemos sobre nuestro consumo y, sobre todo, no veamos la paja en el ojo ajeno y obviemos la viga en el nuestro.

Y si estás pensando en las tierras empleadas para el cultivo de soja y la deforestación del Amazonas, tengo otro dato para ti que también te va a dejar flipada.

La destrucción del Amazonas y de otros bosques tropicales se debe, en gran medida, a la deforestación que se lleva a cabo por

CONSUMO DE AGUA

¿Qué cantidad de agua se necesita para producir alimentos?

CARNE Y DERIVADOS

Ternera (1 kg)	15 000 l
Cordero (1 kg)	8 700 l
Cerdo (1 kg)	6 000 l
Pollo (1 kg)	4 300 l
Mantequilla (½ kg)	2 700 l
Queso (½ kg)	2 500 l
Hamburguesa (1 ud.)	2 500 l

LEGUMBRES Y CEREALES

Arroz (1 kg)	3 400 l
Trigo (1 kg)	1 000 l
Maíz (1 kg)	900 l
Lentejas (1 kg)	50 l

FRUTAS Y VERDURAS

Manzana (1 ud.)	70 l
Naranja (1 ud.)	50 l
Patata (1 ud.)	25 l
Tomate (1 ud.)	13 l
Lechuga (1 ud.)	13 l

Fuente: Gráfico basado en información de la Organización de las Naciones Unidas para la Alimentación y la Agricultura (FAO) y la Fundación Aquae.

parte de la ganadería intensiva y la cantidad ingente de tierras que necesitan sus monocultivos, como el de la soja, que luego sirven de pasto a los animales explotados, para ser consumidos posteriormente. De hecho, solo España importa al año más de 6 millones de toneladas para alimentar a los animales en granjas.

Pero estos monocultivos no solamente deforestan, sino que también acaban con las comunidades indígenas que habitan esos territorios, y además inundan el suelo de agrotóxicos, que, curiosamente, muchos de ellos están prohibidos por la legislación europea, pero que luego llegan al organismo a través de esa carne que se consume.

Por no hablar de que, por un tema meramente legislativo, la soja que se usa en España y en Europa para consumo humano no puede ser transgénica. Lo digo porque este es otro ataque en contra del veganismo y del consumo de la soja muy típico. Por no hablar de lo ya archidemostrado que está que el consumo de soja, como el de cualquier otra legumbre, es tremendamente beneficioso para nuestra salud, y han quedado desterrados los mitos absurdos sobre si las hormonas no sé qué y otras leyendas urbanas. Te recomiendo leer a cualquier nutricionista o médica que esté actualizada en alimentación vegetal.

Así que, si realmente te preocupa la deforestación del Amazonas y de otros territorios del planeta, deberías comer mucho más tofu, y no tanto filete.

Pero esta problemática no solamente se engloba en las grandes extensiones de tierra de nuestro planeta, sino que no debemos olvidar nuestros mares y océanos.

Vuelvo a repetir que los plásticos son un grave problema medioambiental y además la inmensa mayoría acaba en ríos y en mares. Por supuesto que debemos desechar los plásticos de un solo uso, como, por ejemplo, las pajitas, pero debemos saber, como dato importante, que estas representan el 0,03% de todos los plásticos que hay en el mar, mientras que las redes de pesca y los aparejos que esta conlleva representan más del 46% del plástico total del mar. Por lo tanto, si queremos salvar los océanos, ¿no será más lógico dejar de comer peces?

Los plásticos destruyen el medio marino, pero los barcos de pesca tiran muchísimos residuos al océano, sobre todo plásticos, que permanecen cientos de años en el medio marino. Tan solo los aparejos de pesca abandonados representan el 27% del total de la basura marina.

Por supuesto que es totalmente necesaria una reducción absoluta de plásticos de un solo uso. Pero existe también otra solución mucho más sencilla, más económica, más sostenible y muchísimo más eficaz: dejar de comer peces.

Si los datos en tierra nos dicen que cada año desaparecen 25 millones de acres de bosques debido a la industria cárnica en su gran mayoría, esto equivale a 43 campos de fútbol por minuto. Pues en la pesca se aniquilan lo equivalente a 3000 millones de acres cada año, o lo que es lo mismo, más de 4000 campos de fútbol por minuto.

Porque la pesca intensiva no es sostenible, pero es que, además el 30% de la pesca mundial es ilegal, y la llevan a cabo las mismas mafias que trafican con drogas o con seres humanos.

Además, no debemos olvidar que la pesca intensiva mata a millones de animales acuáticos al año (solo tiburones, más de 50 millones al año), que quedan atrapados de forma «accidental» en las redes de pesca. Lo mismo sucede con ballenas y delfines: cada año mueren más de 30 000 por este motivo.

Por ejemplo, para poder pescar 8 atunes rojos, una especie con un altísimo peligro de extinción y unos precios en el mercado alarmantes, se capturan también «por error» 45 delfines.

EL PROBLEMA DEL PLÁSTICO
El mundo está inundado de residuos plásticos

¿Cuánto tarda en descomponerse el plástico en el océano?

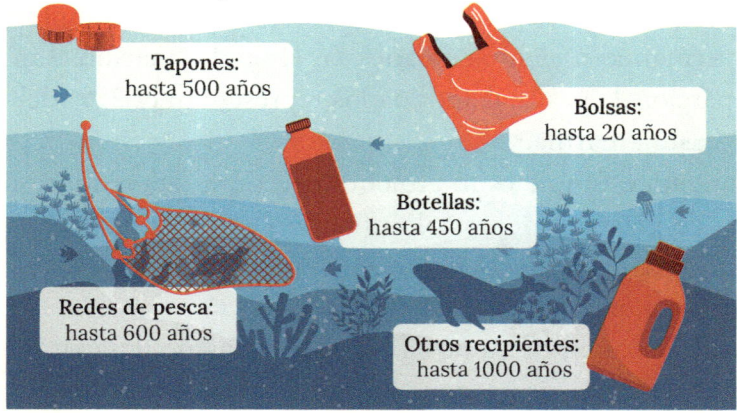

Tapones:
hasta 500 años

Bolsas:
hasta 20 años

Botellas:
hasta 450 años

Redes de pesca:
hasta 600 años

Otros recipientes:
hasta 1000 años

Producción mundial de residuos plásticos, por tipos (en millones de toneladas)

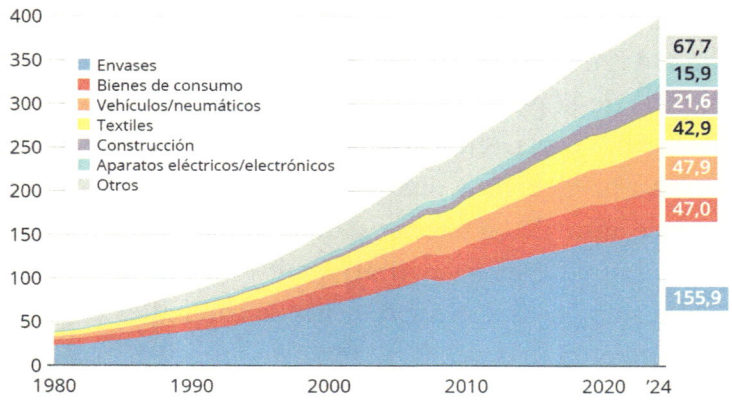

- Envases
- Bienes de consumo
- Vehículos/neumáticos
- Textiles
- Construcción
- Aparatos eléctricos/electrónicos
- Otros

67,7
15,9
21,6
42,9
47,9
47,0
155,9

1980 1990 2000 2010 2020 '24

Fuente: **Gráfico basado en datos de la OCDE.** Proyecciones de 2020 a 2024. **Statista** (CC BY-ND).

Y si estás pensando como solución alternativa al horror de la pesca intensiva en las piscifactorías, lamento decirte que son incluso peor.

Las piscifactorías están muy lejos de ser una solución. De hecho, son todo lo contrario. Son terriblemente crueles con los animales, ya que ni existen unos mínimos aplicables de bienestar animal, no son nada ecológicas, sino todo lo contrario, y, además, tampoco producen un pescado de calidad rico en nutrientes como el omega 3, fósforo, etc., debido a las condiciones de hacinamiento y mala alimentación a la que se ven sometidos los peces, ya que su alimentación es a base de piensos y del suministro de cantidades ingentes de antibióticos.

Las instalaciones son terroríficas, caracterizadas principalmente por un hacinamiento brutal; algunas veces son jaulas o vallas metálicas introducidas en ríos, lagos o en el mar. Pero también las encontramos en tierra firme, de hecho, en el centro de España hay varias piscifactorías, piscinas gigantes donde son criados al año unos 120 000 millones de peces.

Pero además de la explotación y el maltrato animal existentes en estos sitios, la repercusión en el medio ambiente también es letal, por todos los tóxicos, como antibióticos, que vierten al agua.

Te recomiendo muchísimo los documentales *Cowspiracy* y *Seaspiracy*, que explican toda esta problemática con estos datos y muchos más, y fuentes concretas. De hecho, todos estos datos que te he dado los tienes en una búsqueda rápida en cualquier buscador de internet, están al alcance de cualquiera, pero, por desgracia, no son conocidos porque, básicamente, a la industria no le interesa que se sepan.

Y dicho esto, te voy a contar cómo pasé de ser una consumidora compulsiva de ropa de temporada y complementos de marca a comprar de segunda mano y solo cuando es estrictamente necesario.

Mi camino sostenible

El sistema capitalista tiene muchos «dones», entre ellos el de crearnos falsas necesidades. Como la de renovar cada año el armario y comprarnos ropa cada mes.

De hecho, es tal la magnitud de la problemática actual con el consumo desmedido de ropa, la llamada *fast fashion*, que hasta países como Francia están dando pasos hacia su legislación.

La *fast fashion* mata y destroza a personas y al planeta, lo sabemos, pero el problema va mucho más allá.

Yo creo que ya, a estas alturas, la mayoría tenemos claro que si compramos en ciertas cadenas de ropa estamos contribuyendo a la explotación humana. Pero el problema es que aunque te compres una camisa de una famosa marca que te cueste 2000 €, nadie te puede garantizar que no esté confeccionada también bajo explotación.

Porque el problema no es la *fast fashion* en sí, que también, sino toda la industria de la moda actual.

He trabajado varios años en el departamento de RSC (Responsabilidad Social Corporativa) de una multinacional, además, tengo un máster en RSC y Sostenibilidad. Por eso sé que en este sistema, conocer toda la cadena de producción de un producto, en este caso de una prenda o complemento, es prácticamente imposible, porque esa cadena se conforma en base a subcontratas. Y la subcontrata de la subcontrata de la subcontrata hace lo que le sale de las narices.

Así que, por favor, cambiemos este modelo de consumo, apostemos por marcas pequeñas, comprometidas y sostenibles que sí controlan su cadena de producción. O bien por ropa de segunda mano.

Y mientras, luchemos también para que cambien las políticas y que ningún país tenga que basar su fuente principal de ingresos en la explotación de la industria textil.

¡Acciones individuales y organización colectiva como clave del cambio!

Solo cambiando nuestros hábitos de consumo,
conseguiremos salvar el mundo.

Pero más allá de la explotación laboral, la industria textil es la segunda industria más contaminante del mundo, y en los últimos años esta situación no ha hecho más que empeorar notablemente. Hoy en día compramos un 80% más de ropa que hace tan solo una década, y además la usamos la mitad que antes.

Por poner solo un par de ejemplos de lo que esta industria significa para el medio ambiente, un solo pantalón puede necesitar más de 3300 litros de agua para su fabricación. Además, el 8% de las emisiones de gases de efecto invernadero mundiales están directamente vinculadas con esta industria.

Los datos son escalofriantes, cada año se venden 80 000 millones de prendas en todo el mundo. Y la industria textil es la responsable del 20% de todos los tóxicos que se vierten en el agua. Pero es que, además, la mayoría de esta dañina industria se encuentra en Asia, y esto hace que sus ríos (de colores) estén absolutamente contaminados. Esto no afecta solo al medio ambiente, sino que también a los millones de personas que viven en los márgenes de esos ríos y tienen que convivir con esos niveles de toxicidad.

Pero es que este problema va mucho más allá de la confección de esos millones de prendas. La problemática alcanza a toda esa ropa que se desecha, porque esta se debería de tratar con sumo cuidado, de forma similar a como se desechan las baterías, por ejemplo.

Las fibras sintéticas de esas prendas no son biodegradables y además contribuyen de manera directa al calentamiento global. Como dato a destacar, son necesarios unos 70 millones de barriles de petróleo para fabricarlas. Y esto, por desgracia, no solo sucede con las fibras sintéticas, incluso en el algodón, que es la fibra natural más utilizada, en su cultivo se concentra el 18% de los pesticidas que se usan en el mundo y el 25% de los insecticidas.

Pero es que, además, las fibras utilizadas también participan de manera activa de la deforestación. Se calcula que 200 millones de árboles son talados cada año tan solo para transformarse en tejidos, como la viscosa o el rayón.

Existen muchísimas razones para dejar de consumir ropa de esa manera, y deseo de corazón que todos estos datos te hagan reflexionar y replantearte su consumo.

Y, por enésima vez, no te estoy juzgando, porque yo también he estado ahí. Recuerdo que, de adolescente, iba muchos viernes con mi madre a unos conocidos grandes almacenes a comprarme ropa para el fin de semana, para poder estrenar prácticamente cada semana ropa nueva. Una auténtica locura.

Y también recuerdo renovar mi armario casi del todo cada nueva temporada.

Incluso, cuando nació mi primera hija, recuerdo perfectamente abrir su armario y contar los vestidos de verano que tenía con 10 meses, todos nuevos. Me da vergüenza, lo reconozco, pero te lo voy a decir porque se me quedó grabado: 35 vestidos. De ellos, claro, muchos se quedaron sin estrenar. Un despropósito absoluto.

¿Y por qué te estoy contando todo esto? Pues para que veas que te entiendo perfectamente y que todas tenemos todo el derecho a cambiar y evolucionar. Y no machacarnos por nuestros

LAS CIFRAS DE LA MODA
Impacto medioambiental de la industria textil

93 000 millones
de metros cúbicos

Este es el gasto de agua de la industria textil y de la confección al año

Genera un 20% del total de aguas residuales

Fabricar 1 kg de lino supone

15 kilos de carbono
2067 litros de agua

Para hacer un *jean*
7500 litros de agua

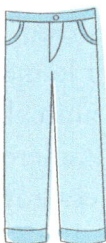

Esto equivale a la candidad de agua que una persona consume de promedio en 7 años

Y para una camiseta
2700 litros de agua

Esto equivale a la candidad de agua que una persona consume de promedio en 2 años y medio

Fuente: Gráfico basado en datos de Sondeo LR y del Servicio de Estudios del Parlamento Europeo.

«errores» pasados, no olvides que hicimos lo que pudimos con lo que teníamos. Y esto se extrapola a todo.

Pero también te lo estoy contando para que reflexiones sobre la imperiosa necesidad de cambiar nuestros hábitos de consumo. Y sí, sé también que es muy desmoralizante ver que tú llevas años sin comprar una mísera bolsa de canónigos, que son las hojas verdes que más le gustan a tu hija, porque vienen en plástico y claro, ya sabes… Pero luego ves como una *influencer* millonaria se coge un jet para ir a cenar de Milán a Londres, y tú piensas que estás haciendo el imbécil, y entonces te vas corriendo al supermercado y compras cuatro bolsas de canónigos para hacer feliz a tu hija. (Cualquier parecido con la realidad es pura coincidencia… ¡O no!).

Así que lo que yo hago es relativizar y tomar consciencia de mi consumo, de mis hábitos y de mis decisiones, porque no debemos olvidar que cada céntimo de euro que destinamos a una compra también es una decisión política.

Y por supuesto que no podemos hacerlo todo perfecto, y también sabemos que nuestras decisiones y nuestro impacto llegan hasta donde llegan y que además están condicionadas también por nuestras propias circunstancias, pero no por ello debemos liarnos la manta a la cabeza y no hacer nada. En mi caso, prefiero tener mi conciencia tranquila y saber que yo, por lo menos, he hecho todo lo posible para evitar el sufrimiento animal y la destrucción de nuestro planeta. Y eso que me llevo. Prefiero sumar que restar, y prefiero ser ese granito de arena o esa gota en el océano que sí aportan.

¿Y qué hago yo para aportar mi granito de arena y no contribuir a la destrucción del planeta?

Pues lo primero y más importante, como ya has visto en los datos anteriores, que no dejan lugar a dudas, ser una persona vegana. Sin participar en el consumo de animales, ni terrestres ni marinos, ya estoy dejando de contribuir a la deforestación de nuestras selvas y a la destrucción de nuestros mares y océanos.

Pero también se pueden hacer otras cosas, porque, insisto, toda pequeña acción suma, así que, si todavía no eres una persona vegana, puedes comenzar, por ejemplo, reduciendo tu consumo de animales y apostando por una alimentación más vegetal y basada en plantas.

También puedes intentar realizar tu compra lo más de cercanía posible y evitando, en la medida de lo posible, todos los alimentos que vengan innecesariamente en plásticos, en especial los de un solo uso. También puedes llevarte tus propias bolsas de tela.

Puedes incorporar en tu vida cotidiana envases reutilizables (pajitas de metal o de bambú, vasos y botellas rellenables, portabocadillos de tela, etc.) en lugar de los utensilios de un solo uso. Puedes utilizar cosmética sólida como champús o jabones corporales. También esponjas y estropajos de luffa u otros materiales no contaminantes y biodegradables. O usar cepillos de dientes de bambú.

Quizás todo esto te parezca insignificante o que no sea apenas significativo, pero te voy a dar un par de datos que quizás te cambien la perspectiva. Un solo cepillo de dientes tarda más de 400 años en descomponerse. Y una persona utiliza de media unos 300 cepillos de dientes a lo largo de toda su vida. Solamente en España se venden al año 160 millones de cepillos de dientes, y estos suponen 2800 toneladas de residuos cada año. Y ya, para rematar, el 1% del plástico de los océanos son cepillos de dientes. ¿Sigues creyendo que dejar de comprarte cepillos de dientes de plástico no marca una diferencia?

Pero puedes hacer mucho más, como intentar arreglar las cosas antes de tirarlas, y puedes optar también por tratar de comprar siempre que puedas cosas de segunda mano.

Y, por supuesto, puedes pensar siempre, antes de comprar algo, si realmente lo necesitas, porque ya te dije antes que el capitalismo tiene el don de crearnos necesidades que no tenemos.

Con todo esto no te estoy diciendo que vivas sin darte ni un solo capricho o sin comprar nada nuevo; nada más lejos de mi intención. Ni yo misma lo hago. Con todo esto, lo que te intento decir es que no seas una compradora compulsiva, haciendo *hauls* de marcas que sabemos a ciencia cierta que destrozan el planeta y a las personas, y que cada mes te compres trescientas cosas que sabes perfectamente que ni necesitas ni las vas a necesitar, y que, probablemente, muchas ni te las llegues a poner.

También quiero dejar muy claro que el consumo, de lo que sea, depende mucho de nuestras circunstancias personales, y que en demasiadas ocasiones caemos, sin darnos cuenta, en comportamientos capacitistas o clasistas, juzgando las decisiones de las demás desde nuestras circunstancias. Por poner un ejemplo, hay personas autistas que tienen que usar un determinado tipo de gel, por olor, textura, etc., y que no pueden usar un jabón sólido debido a su perfil sensorial, o que les cuesta comer fruta en trozos y optan por comprarla en botellitas o bolsitas bebibles. O personas con corporalidades grandes que no encuentran ropa fácilmente y necesitan recurrir a este tipo de marcas. Pero no hagamos la norma de esos casos concretos, por favor.

Y tampoco machaquemos a nadie, ni nos machaquemos a nosotras mismas, porque no lo hagamos todo lo más perfecto posible, porque te repito, lo más importante es que hagamos lo máximo posible con lo que tenemos en base a nuestras circunstancias, sin olvidar que hasta estas pueden ir cambiando a lo largo de nuestra vida.

Compatibilizando crianza y sostenibilidad

Fíjate que casi me parece más fácil la crianza vegana que la crianza sostenible, por llamarla de alguna manera.

Te explico por qué.

Criar en el veganismo es fácil en el sentido de que es algo muy explícito y de que se ve rápido, es decir, mis hijas deciden no consumir animales porque los ven en los platos y eso les produce un tremendo rechazo, se ve claramente de dónde viene esa comida.

Pero claro, en tema sostenibilidad no es algo tan directo ni tan fácil de ver en muchos casos, y mucho menos para dos niñas. Sobre todo cuando van creciendo y tomando sus propias decisiones.

Está claro que poner pañales de tela a un bebé es muy fácil, no puedes razonar con ella o con él ni explicarle el porqué de tu decisión. Pero cuando van creciendo y participando de todo este sistema consumista que todo lo impregna, la cosa se complica un poco más.

Aun así, se puede, por supuesto. Y te cuento cómo lo he hecho yo, por si te da alguna idea.

Como ya te he contado en otro capítulo, mi crianza, nuestra crianza realmente, porque Pablo y yo siempre hemos ido a una en todo este camino, es muy política y además activista. Por lo tanto, les hemos explicado a nuestras hijas desde pequeñas las consecuencias de nuestras decisiones y de nuestros actos, también en el consumismo.

De ahí que limitemos mucho el número de regalos en determinadas fechas, y apostemos también por regalar experiencias o cosas que no son materiales.

Por supuesto, les hemos explicado desde muy pequeñas nuestros privilegios, para que entiendan que su realidad no es la de muchísimas infancias y que son muy afortunadas por haber nacido donde han nacido y por tener todo lo que tienen.

Por eso saben que no compramos en determinadas tiendas, porque detrás hay mano de obra infantil y explotación laboral. También porque suelen ser tiendas que contaminan muchísimo nuestro planeta.

Así que nuestras hijas compran en tiendas de segunda mano, y tan felices. Quizás seas una de esas personas a las que esto le suena fatal. Te entiendo, yo era así. Todo mi clasismo y prejuicios me hacían pensar cosas irreales sobre la segunda mano. Por suerte, también en eso, como con el veganismo y otros muchos temas, se puede avanzar y deconstruirse. Te animo a ello.

También es verdad que en España seguimos teniendo un concepto casposo de la segunda mano, que no se corresponde a otros países con más trayectoria en este tipo de consumo, como Reino Unido. Pensamos en ropa vieja, usada y para «pobres». Y nada más lejos de la realidad.

De segunda mano compras ropa nueva, con las etiquetas puestas literalmente, o prácticamente nueva, de una puesta o dos. Y también calzado. Porque la gente vende las cosas por diferentes motivos, y la gran mayoría de veces no es porque se la ha puesto hasta destrozarla y cuando ya no la quiere la vende; suelen ser muchas veces regalos con tallas o gustos equivocados, exceso de ropa y ni tiempo para ponérsela toda, crecimiento natural en el caso de peques, etc.

Y no solo en ropa, también en pequeños electrodomésticos y, en fin, todo tipo de cosas y utensilios. Piensa que todo lo que compres nuevo le está costando un precio muy alto al planeta en recursos y materiales, y que, como en otras muchas situaciones y decisiones, podemos aportar nuestro granito de arena para hacer de este mundo un lugar mucho más amigable y habitable para todas, humanas y no humanas.

Mis hijas saben todo esto. Y ahora mismo, con 10 y 12 años, les encanta comprar su ropa en tiendas de segunda mano y no participar de ese consumismo desmedido ni de esa necesidad de comprar ropa de «marca». Y esto no quita para que, de vez en cuando, también compren ropa nueva, y no pasa nada, porque lo importante es hacerles comprender que esas situaciones puntuales no se conviertan en habituales. Que no normalicemos el consumo desmedido del *fast fashion*, como decía antes, y que busquemos alternativas, porque muchas veces, las hay.

Ah, un apunte.

Se puede salir de ese círculo consumista, te lo garantizo. Hasta el punto de que te cree rechazo ver esos escaparates con ropa diferente cada semana y que no desees participar de ello.

De hecho, es un sentimiento muy similar al que tienes cuando eres una persona vegana y ves animales en los platos y todo un sistema basado en la normalización de esa explotación animal. Es un rechazo desde la consciencia, desde la ética y desde los márgenes de un sistema que todo lo abarca y todo lo destruye: personas, animales y planeta.

Y de todo ese sistema te voy a hablar en el siguiente capítulo, porque hay mucha tela que cortar aquí.

5 Capitalismo

Su relación con la destrucción
de animales, personas y el planeta.

Ese sistema lo destroza todo, personas, animales y planeta: el capitalismo. A lo largo de este capítulo iré desgranando el porqué de esta afirmación tan categórica pero al mismo tiempo, tan real.

Es más, todas las reflexiones y datos que aportaré serán con la mayor objetividad posible, porque esto no va de ideologías políticas, de izquierdas o derechas, esto va de un sistema de consumo absolutamente insostenible y dañino.

Según la RAE, el capitalismo es el sistema económico basado en la propiedad privada de los medios de producción y en la libertad de mercado. Y esto, a priori, no tiene por qué ser algo intrínsecamente malo siempre y cuando la sociedad y todas las personas que la forman tuviesen unos valores similares de justicia y solidaridad. El problema es que sabemos que esto no es así. De hecho, más bien es al contrario, precisamente, también favorecido por ese propio sistema.

Existen diferentes corrientes y teorías sobre cuándo nació en nuestras sociedades este sistema económico imperante en la actualidad. Para muchas personas economistas lo hizo durante la

Edad Media y el feudalismo. Otras, en cambio, lo sitúan con la invención de la máquina de vapor y la industrialización en el siglo xviii. Hay quienes lo asocian a la Revolución Industrial a partir del siglo xix. Y otras, incluso, se remontan al Neolítico, cuando dejamos de hacer trueque.

Si nos atenemos a los datos y a la historia, el padre del capitalismo fue el filósofo y economista escocés Adam Smith, que en su obra *La riqueza de las naciones* (1776) acuñó la idea central del libre mercado y aconsejó la menor intromisión posible del Estado.

Pero a lo largo de la historia y de las distintas sociedades, vemos vestigios de capitalismo en muchas de ellas. Por ejemplo, en el Imperio Romano, donde cualquier persona podía vender, comprar o comerciar, llevando a cabo incluso producciones en masa, como las lámparas de aceite o las ánforas. Pero no solamente en el Imperio Romano; en la Antigua Grecia, en las ciudades fenicias o hasta incluso en imperios como el de Mesopotamia o Egipto, las relaciones comerciales eran un pilar absolutamente básico y fundamental de todas ellas.

Pero claro, una cosa son las relaciones comerciales a escala acotada por los propios recursos tecnológicos de la época, y otra muy diferente el potencial de expansión de este sistema económico bajo los grandes avances tecnológicos de los dos últimos siglos.

No cabe duda de que nuestro planeta siempre ha tenido los recursos limitados, como es lógico, pero no es lo mismo el daño infringido por esas sociedades antiguas sin grandes avances ni mecánicos ni tecnológicos, donde la balanza seguía equilibrada y el planeta era perfectamente capaz de recuperarse y regenerarse, a la destrucción masiva y desmedida llevada a cabo desde el siglo xx con la explosión y el crecimiento de la era tecnológica y digital.

Pero en esta ecuación no solo sale perdiendo el planeta, sino también todos sus habitantes, humanos y no humanos, y todas las personas que participan, quieran o no, de este sistema económico imperante en la gran mayoría de nuestras sociedades actuales.

Por supuesto que siempre han existido las desigualdades sociales, ya en esas antiguas sociedades e imperios que he mencionado así era. Y también, por supuesto, que siempre ha habido animales explotados y maltratados. El especismo es muy antiguo, por desgracia. Pero no cabe duda de que el nivel de devastación actual es peligrosísimo. Y el futuro no pinta nada bien, como ya te conté antes sobre los llamados puntos de no retorno.

La producción masiva, que es principalmente bajo lo que se sustenta todo el mercado capitalista, arrasa con todo. Pero es que, además, lo hace de una manera desigual. Crea grandes brechas entre los países llamados del Norte Global y los del Sur Global. Estos términos hacen referencia a la división social, política y económica existente entre ellos. Y esas brechas se crean, entre otros factores, por ejemplo, por coger las materias primas de los países del Sur Global para hacer productos manufacturados en las fábricas del Norte Global y luego venderlos también a los países que poseen dichas materias primas. Muy «lógico», todo. Esto ya sabemos lo que significa para todos esos países del Sur Global. Pero no voy a esgrimir las causas de esta terrible desigualdad (aunque te puedes hacer una idea, empieza por «coloni» y termina por «zación»). Voy a centrarme más en las consecuencias de este capitalismo atroz.

Como ya he dicho anteriormente, todas las personas, en mayor o menor medida, estamos sufriendo los estragos de este sistema: la desigualdad social cada vez es mayor, las personas ricas cada vez son más ricas y las que poseen menos recursos cada vez viven en situaciones más precarias. Y esto también se ve reflejado en cómo afecta nuestra posición económica al planeta. Las personas más ricas tienen una huella de carbono muchísimo mayor que las personas con menos recursos. Por ejemplo, solo el 10% de la población más rica del planeta es 60 veces más responsable de las emisiones de dióxido de carbono que se emiten a la atmósfera que el 10% más pobre, según datos de un estudio de la universidad de Leeds, en Inglaterra.

Y es que la problemática del capitalismo no es solo un problema económico y ecológico, sino también de justicia social y alimentaria.

Según datos de la ONU, en la actualidad se siembra suficiente comida como para alimentar a entre 10 y 12 000 millones de personas, pero en nuestro planeta hay «solo» unos 8000 millones de personas, y de esas, unos 800 millones pasan hambre. Según personas expertas, esta cifra irá aumentando cada vez más.

Esto es terrible, y más cuando vivimos en un mundo en el que el 60% de la tierra agrícola mundial se utiliza para pastoreo de animales, para satisfacer luego la demanda de carne y lácteos, pero que desperdicia un tercio de toda la comida producida.

Porque miles de millones de personas no tienen acceso a esa carne que se produce en el Sur Global para que se consuma en el Norte Global.

Por lo tanto, es el mismo sistema de producción de alimentos el que se encarga de incrementar las desigualdades sociales.

No olvidemos que para producir productos animales es necesaria una grandísima cantidad de agua, de tierra, de piensos y de energía para poder criar, transportar y alimentar a todos esos animales. Y en base a todo esto, adoptar una dieta en base a los productos vegetales sería hasta 160 veces más eficiente en cuanto al uso de recursos, y representaría un aumento del 40% en la

EL HAMBRE EN EL MUNDO
Índice Global del Hambre (2021)

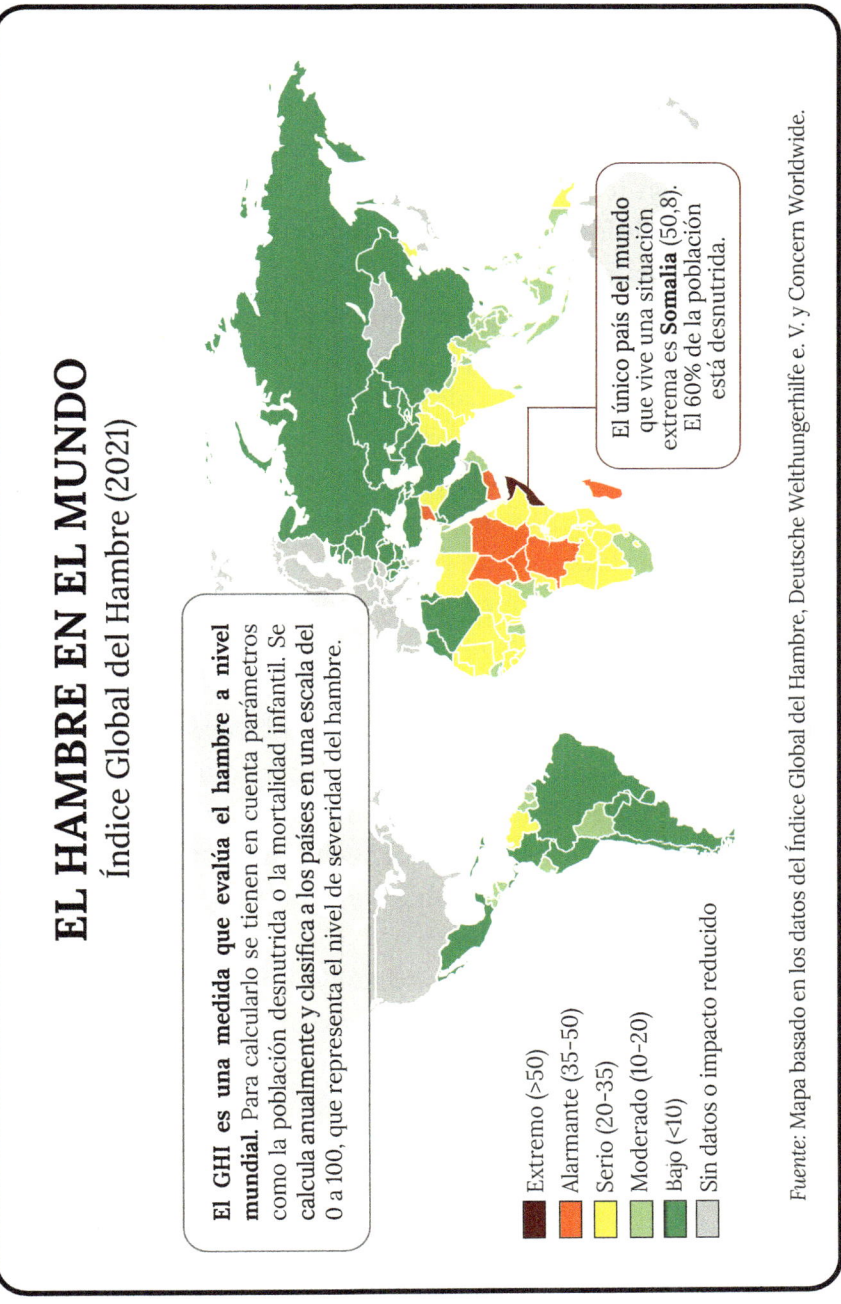

El GHI es una medida que evalúa el hambre a nivel mundial. Para calcularlo se tienen en cuenta parámetros como la población desnutrida o la mortalidad infantil. Se calcula anualmente y clasifica a los países en una escala del 0 a 100, que representa el nivel de severidad del hambre.

El único país del mundo que vive una situación extrema es **Somalia** (50,8). El 60% de la población está desnutrida.

- Extremo (>50)
- Alarmante (35–50)
- Serio (20–35)
- Moderado (10–20)
- Bajo (<10)
- Sin datos o impacto reducido

Fuente: Mapa basado en los datos del Índice Global del Hambre, Deutsche Welthungerhilfe e. V. y Concern Worldwide.

producción de comida a nivel mundial, que ayudaría a erradicar el hambre en las zonas más afectadas por este problema.

Sin olvidar, por supuesto, las cifras atroces sobre la muerte de animales que conlleva este sistema de consumo. Según los últimos datos, con fecha de enero de 2024, de la Organización de las Naciones Unidas para la Alimentación y la Agricultura, se estima que anualmente son criados y sacrificados 92 200 millones de animales terrestres en el sistema alimentario global. Esto es absolutamente indecente, por decirlo de manera suave. Y esto es solo el cómputo de animales terrestres; de animales marinos no tenemos ni datos, ya que son cifras tan altas que se cuentan por toneladas. Y esto es solo para alimentación, sin contar con las capturas incidentales en el caso de la pesca, o la vestimenta, accesorios, espectáculos y un sinfín más de consumos en los que se emplean, de forma directa o indirecta, animales.

A nivel estructural, numerosos informes confirman que el cambio hacia una alimentación 100% vegetal contribuiría a una mejor distribución de alimentos de calidad, cuya producción es más justa para quienes trabajan la tierra, para quienes consumen los alimentos, para los animales y para el medioambiente.

Y, a pesar de la más que evidencia de todos estos datos, el capitalismo continúa su implacable camino de no retorno. Y nosotras con él.

Porque a las empresas y a las personas que las dirigen, lo único que les importa es obtener el mayor número de beneficios posible, y si eso conlleva la destrucción del medio ambiente, de los ecosistemas o incluso de poblaciones enteras, les da exactamente igual.

Por eso es tan importante que seamos conscientes de ello y tratemos de poner todo de nuestra parte, ya no solo para tratar de revertir esta situación, sino para no ser partícipes de ella.

Porque vuelvo a insistir, nuestros actos, nuestras decisiones y nuestras compras también son políticas y pueden avalar, o no, este sistema.

Es más, hasta el propio sistema es consciente de que ocultar cada vez más todo el daño que ocasiona resulta cada vez más difícil, y es por ello que ha desarrollado estrategias de «lavado de imagen» muy potentes que les han funcionado algunos años. Por suerte, ahora hasta existen países que se han propuesto legislar contra las prácticas fraudulentas del conocido como *greenwashing*.

Supongo que a estas alturas ya sabrás lo que significa este anglicismo, pero te lo recuerdo de todas maneras. Se trata de una práctica de «marketing verde», que se encarga de crear una imagen irreal de una responsabilidad ecológica inexistente. Vamos, lo que viene siendo la publicidad engañosa de toda la vida. Eso sí, todo muy verde, muy cuqui y muy estudiado para que te lo creas sin cuestionarlo siquiera.

Y es que, además, lo he vivido muy de cerca trabajando varios años en el departamento de Responsabilidad Social Corporativa de una multinacional de ingeniería y construcción. Se ocultan sistemáticamente la destrucción y contaminación de grandes cantidades de superficie en el Amazonas, mientras se anuncian a bombo y platillo las mejoras y la accesibilidad en el abastecimiento de agua potable de una pequeña población local. Y así, todas y con todo.

Y sí, está claro, no podemos aislarnos y vivir como ermitañas o irnos a una isla desierta. Bueno, poder podemos, pero no queremos, yo por lo menos.

Pero dejando a un lado esa típica falacia, aun dentro de este sistema podemos tomar acción. Lo primero y más importante, reduciendo nuestro consumo en general, como ya he explicado en el capítulo sobre sostenibilidad. Pero podemos ir más allá en nuestra lucha y acción. Tomando consciencia, por ejemplo, de nuestros privilegios y adquiriendo conciencia social.

Privilegios

Volviendo a la RAE, un privilegio es una exención de una obligación o ventaja exclusiva o especial que goza alguien por concesión de un superior o por determinada circunstancia propia.

Pero centrémonos en eso de «determinada circunstancia propia», porque conocer nuestros privilegios inherentes por el simple hecho de ser o existir es fundamental para así poder ser más eficientes y consecuentes en nuestras luchas.

Creo, de hecho lo afirmo, que ahora mismo el escalafón más alto de privilegios inherentes se los lleva el hombre cis hetero blanco. E imagino que si estás leyendo este libro, no me vendrás con la muletilla del #NotAllMen o las #MaleTears. Y si es así, *sorry not sorry*.

Así que, siendo conscientes de esta realidad, no me voy a detener en explicar el porqué, es más que evidente, y prefiero centrarme en explicar cómo el uso correcto de nuestros privilegios contribuye de manera directa al bienestar de aquellas que no los tienen. Conocer nuestros privilegios es algo fundamental para así poder asimilarlos correctamente y actuar en consecuencia.

No elegimos dónde nacemos, ni cómo, ni cuándo, pero es más que evidente que nuestro lugar de nacimiento determinará toda nuestra vida. Lo que sí somos es dueñas de nuestras decisiones y de nuestras propias elecciones; por lo tanto, y aunque el condicionamiento social sea muy fuerte, siempre podemos elegir un camino u otro.

INTERSECCIONALIDAD
Rueda de privilegios y opresiones

PRIVILEGIO

Con credenciales, altamente alfabetizado

Sin diversidad funcional

Joven

Heterosexual

Atractivo

De clase media y alta

De origen europeo

Anglófono

Blanca

Tez clara pálida

Hombre

Religión mayoritaria

Hombre masculino, mujer femenina

Fértil

- Discriminación por edad
- Políticas de apariencia
- Elitismo
- Capacitismo
- Heterosexismo
- Eurocentrismo
- Racismo
- Androcentrismo
- Generismo
- Sesgo de clase
- Sesgo de lenguaje
- Colorismo
- Opresión religiosa
- Pro-natalismo

Otras identidades

Infertil, estéril

Mujer

Religión mioritaria

Racializada

Tez oscura

Inglés como segundo idioma

No europea

Clase trabajadora, empobrecida

LGTBIQ+

No atractivo

Vieja

Personas con diversidad funcional

Analfabeto/a sin credenciales

OPRESIÓN/RESISTENCIA

El contexto socioeconómico determina la mayor parte de nuestra vida, pero no toda. Como personas individuales, también podemos ser un gran motor de cambio y evolución para nosotras mismas y, en consecuencia, para el resto de la sociedad.

Podemos elegir no conformarnos, podemos elegir querer avanzar, deconstruirnos y crecer. En definitiva, salir de nuestra zona de confort.

Podemos elegir aprender a observar, a escuchar, a entender. Podemos elegir no cometer opresiones y, sobre todo, que nuestros privilegios no nos nublen la empatía ni el respeto.

Y también podemos dejar de utilizar los privilegios de personas que solo intentan hacer de este mundo un lugar mejor para todas como arma arrojadiza.

Podemos empezar, por ejemplo, si tenemos el privilegio del voto (que aunque te sorprenda, existen muchas personas residentes e incluso nacidas en España que no lo tienen por un tema de las leyes sobre extranjería), puedes usar ese privilegio para votar a partidos que protejan los derechos humanos y el bien común. Partidos que apuesten por una sanidad y educación de calidad, gratuitas y universales, por ejemplo. O partidos que no recorten derechos ni libertades.

También puedes utilizar tu privilegio para amplificar la voz de aquellos colectivos más desfavorecidos o perseguidos que no tienen tus privilegios, como el colectivo LGTBIQ+, personas migrantes, personas racializadas, discapacitadas, y un largo etcétera. Incluso también puedes utilizarlo para mostrar la realidad de los miles de animales que explotamos y matamos cada día para consumo humano.

Y todo esto no lo tienes que hacer todo a la vez ni militar en todas las luchas, por supuesto, pero sí es muy importante que nuestro activismo sea siempre interseccional.

Y ahora me voy a meter en un jardín. *Imos al5* (vamos allá), como dirían en mi tierra.

Interseccionalidad

¿Interseccionalidad? Quizás nunca hayas escuchado este término, así que antes de empezar a desgranarlo y darle la importancia que tiene para mí, te voy a hacer una breve introducción.

La teoría de la interseccionalidad se basa en que categorías como el sexo, el género, la raza o etnia, la clase social, la orientación sexual y otras, están interrelacionadas.

Y, desde una perspectiva antiespecista, la interseccionalidad también afecta a la lucha en el movimiento de liberación animal. Los ejes de opresión y de dominación, desde un punto de vista sociológico, tienen unos patrones de operancia en común. Y para acabar con uno, debemos luchar contra todas las opresiones al mismo tiempo sin jerarquizar ninguna, porque las opresiones de género, raza, clase o especie están estrechamente interconectadas y todas forman parte de la misma raíz: las relaciones de poder.

Desde un determinado sector del movimiento vegano (cercano a grupos supremacistas) se está en contra de la interseccionalidad, llegando algún activista muy conocido a decir que «la interseccionalidad es el cáncer del movimiento por la lucha de la liberación animal». Evidentemente, no puedo estar más en desacuerdo con esta afirmación y en las próximas páginas te explicaré por qué esto es una falacia como un templo.

Porque el especismo es solo uno más de los ejes de opresión existentes.

Los grupos dominantes desarrollan estrategias de poder y de control para de esta forma seguir perpetuando sus privilegios. Si luchamos solo contra la explotación animal, eximiendo que los animales no humanos son los más explotados y sometidos, y por ello el resto de opresiones no merecen la misma atención y desvirtúan la lucha antiespecista, estamos avalando y perpetuando la falacia de que algunas opresiones son más importantes que otras y que, además, todas son independientes y excluyentes.

Por lo tanto, siendo conscientes de que existen unas relaciones de dominación que generan una serie de privilegios a determinados colectivos de la sociedad, lo que debemos hacer es luchar por romper esas estructuras de poder desde las que nacen todas las opresiones.

Para demasiadas personas veganas, la teoría de la interseccionalidad no se debería de aplicar en la lucha por la liberación animal, y para ello se amparan en una supuesta misantropía y en la máxima de que su lucha es solo por y para los animales no humanos. Y esto, por desgracia, esconde detrás muchos comportamientos racistas e, incluso, supremacistas.

Diferentes activistas racializadas veganas afirman que el origen del racismo es precisamente el especismo. Pero incluso desde ámbitos académicos se desarrolla esta teoría. Núria Almiron, profesora del departamento de Comunicación de la universidad Pompeu Fabra, desarrolla en su libro *Like an animal. Animal Studies Approaches to Borders, Displacement, and Othering* cómo es el pensamiento dualista el que fomenta la división entre humanos y no humanos, y que esto además es principalmente una invención utilizada para respaldar el comportamiento abusivo de algunos humanos y proteger los intereses de estos abusadores. Tenemos algunos ejemplos de ello a lo largo de la historia, como en la Antigua Grecia o en la Ilustración.

En la Antigua Grecia, sociedad que se conoce popularmente como «cuna de la democracia», la esclavitud era un pilar fundamental. Y la necesidad de considerar a otros humanos como inferiores era vital para que ese pilar no se resquebrajase. Se necesitaba animalizar a las personas esclavas. De hecho, hasta grandes y reconocidos filósofos, como Aristóteles, hablaban de la «esclavitud natural», haciendo una separación entre personas esclavas humanas de otros animales solo por el hecho de que podían razonar.

Y fue en la Ilustración donde el humanismo antropocéntrico, ligado ya al colonialismo, dio rienda suelta a esa separación entre humanos, creando incluso el concepto de raza, vinculado de una manera directa al esclavismo, que ha permanecido vigente hasta nuestros días. Lo hemos visto en la Alemania nazi, como a las personas judías las equiparaban con animales, y lo hemos visto también en el genocidio del pueblo palestino, como las personas de Israel han manifestado reiteradamente que se enfrentaban a animales, no a personas.

Es decir, siempre se ha tratado de usar la animalidad como excusa para oprimir, abusar y explotar a otras. Por lo tanto, vemos una relación directa entre ambas opresiones, están intrínsecamente unidas, así que resulta un tanto absurdo tratar de separarlas o verlas como algo independiente. Es más, incluso a nivel de lucha es algo muy poco estratégico. Volviendo a Núria Almiron: «Descuidar cómo de conectados están racismo y especismo no solo limita nuestra capacidad de luchar contra ambos, sino que refuerza las raíces de la violencia estructural y sistémica que gobiernan las sociedades humanas».

La teoría de la interseccionalidad se le atribuye a la jurista y profesora Kimberlé Crenshaw en 1989. Es una gran activista por los derechos humanos de las mujeres y además es una mujer racializada. Aunque con anterioridad (a finales de los años 60 y principios de los 70), colectivos de activistas feministas racializadas ya hablaban de algunos de estos aspectos. Lo que está claro es que la teoría de la interseccionalidad nace en el feminismo negro norteamericano. Y es en la llamada Tercera Ola del Feminismo cuando se acuñó el término, englobando así las reivindicaciones que mujeres racializadas, lesbianas, transexuales o incluso veganas ya venían demandando al ser ellas víctimas de opresiones múltiples.

Porque seamos realistas, las opresiones que yo, como mujer blanca, cis y hetero, puedo tener, no tienen nada que ver con las opresiones de una mujer negra, lesbiana, pobre y discapacitada. Porque, básicamente, el género, la raza y la clase, son un todo que determina nuestra vida, nuestras circunstancias y, por ende, nuestras opresiones.

Pero la teoría de la interseccionalidad va más allá, y alcanza otras esferas no solo sociales, sino políticas, llegando incluso al Parlamento Europeo, en el año 2009, de la mano del concepto «discriminación múltiple», por el cual: «Los estados miembros deben consolidar el marco jurídico vigente de la UE, esforzándose para adoptar la propuesta de la directiva por la que se aplica el principio de igualdad de trato entre las personas independientemente de su religión o convicciones, discapacidad, edad u orientación sexual, en particular aclarando el ámbito de aplicación y los costes asociados de sus disposiciones».

Como ya habrás podido presuponer, la interseccionalidad está muy relacionada con el capitalismo, este se encarga de obtener sus máximos beneficios a través de la destrucción de la naturaleza y de los recursos naturales, empleando para ello el neocolonialismo. Y a su vez, también todo ese sistema está sustentado principalmente y en su mayoría por el cisheteropatriarcado.

De hecho, son las grandes multinacionales de todo tipo las que primero han utilizado la fuerza de la mano de obra más desfavorecida a nivel social y económico porque, precisamente, es la más barata, y no hablo solo a nivel económico.

Ahí tenemos a las grandes industrias textiles de grupos como Inditex, H&M, Mango, etc., delegando la gran mayoría de su producción mundial en países con economías muy desfavorecidas, como Bangladesh, donde las condiciones de trabajo son absolutamente deplorables, sin medidas de seguridad y en condiciones ya no solo de explotación laboral, sino en demasiados casos incluso de esclavitud, y sin ninguna posibilidad de asociación o de sindicarse. Y empleando además, en su gran mayoría, a mujeres en situación de vulnerabilidad absoluta, incluso mano de obra infantil. Fomentando y perpetuando todo ello la feminización de la pobreza.

Ecocidios y genocidios para satisfacer nuestro ritmo de consumo

El máximo exponente de este sistema económico que todo lo arrasa no es solamente la destrucción de la naturaleza, sino también la destrucción de países enteros y la ejecución incluso de genocidios para poder seguir manteniendo la demanda de determinados productos en el Norte Global.

Mientras escribo este libro, hay en nuestro planeta cinco genocidios activos. El de Palestina, llevado a cabo por el estado de Israel; el de Dafur, en Sudán; el de la República Democrática del Congo; el armenio, llevado a cabo por Azerbaiyán; y el de Tigray, en Etiopía.

Según el derecho internacional, el genocidio se define como actos perpetrados con la intención de destruir, total o parcialmente, a un grupo nacional, étnico, racial o religioso. Y dentro de esos actos tiene cabida cualquier acción atroz que nos podamos imaginar, desde torturas, hambrunas..., hasta violaciones y asesinatos.

Cada uno de esos genocidios tiene unas características geopolíticas y económicas determinadas, pero casi todos tienen algo en común: intereses de países del Norte Global por algunos de sus recursos naturales y/o su situación estratégica para el comercio internacional.

Por ejemplo, la República Democrática del Congo es el cuarto país productor de diamantes del mundo. Además, posee ingentes cantidades de cobre, oro, hierro, cobalto y manganeso. Pero esto no es todo; hay algo que destaca especialmente: sus enormes reservas de coltán. Se estima que solo en este país se encuentra el 80% de las reservas de coltán de todo el planeta.

Y a estas alturas ya sabrás más que de sobra para lo que se emplea mayoritariamente el coltán, ¿verdad? Así que, para que nosotras podamos seguir usando nuestros teléfonos móviles, nuestras tablets y todos nuestros dispositivos digitales y pantallas, millones de personas en la República Democrática del Congo son masacradas, violadas o torturadas para obligarlas a trabajar en condiciones de semiesclavitud, en minas a cielo abierto, incluidas ancianas, niñas y niños. Muy triste.

No voy a dar datos ni a exponer por aquí las atrocidades que he leído y documentado sobre estos genocidios, no es mi intención amargarte el día, pero estamos hablando de millones de personas asesinadas o desplazadas, por no hablar de las atrocidades que se llegan a hacer con las supervivientes.

El gran problema, como siempre, es el colonialismo existente y el racismo intrínseco en nuestra sociedad. Y sí, ya sé que seguramente tú no eres racista, pero confío que no sea por tener una amiga negra, sino porque te has deconstruido y aprendido de activistas racializadas que te han mostrado en tu cara tu racismo, porque créeme, a mí también me ha pasado y he detectado comportamientos racistas que antes pensaba que no lo eran. Es lo que tiene el privilegio de nuestra blanquitud.

También me resulta muy triste y desolador que algunas vidas valgan más que otras, que lleguemos incluso a verbalizar o normalizar que «es su naturaleza» y que están acostumbradas a vivir así, entre violencia y pobreza. Eso es atroz.

Por eso es tan importante no permanecer calladas y visibilizar este horror. Pero también podemos tratar de ser lo menos partícipes de ello, por ejemplo, usando dispositivos móviles reacondicionados o de segunda mano, tratando de arreglar nuestros aparatos electrónicos y, desde luego, no cambiando de móvil cada año.

Para finalizar

Espero de corazón que este capítulo te haya hecho reflexionar sobre la importancia de nuestro consumo, sobre la consciencia de nuestros privilegios y sobre la importancia de no mirar para otro lado y tratar de aportar nuestro grano de arena, siempre dentro de nuestras circunstancias, para tratar de hacer de este mundo un lugar mejor para todas, humanas y no humanas.

Y también reflexionar sobre la importancia de la interseccionalidad de luchas, sin demagogias baratas, como que no se puede dedicarse a todas las luchas todos los días. Evidentemente no se trata de eso, sino de no oprimir a otras, de saber empatizar y de saber escuchar a las personas de colectivos oprimidos que tienen mucho que decir y de las que tenemos mucho que aprender desde nuestra situación privilegiada.

Y, sobre todo, grabarnos a fuego que nuestras compras, donde destinamos cada céntimo de nuestro dinero, son un acto político y pueden marcar la diferencia.

6 Feminismo

Aunando el patriarcado con la explotación y el consumo de carne.

Debo reconocer que uno de mis temas preferidos en el veganismo es la relación existente entre el patriarcado y el consumo de carne. Si nunca habías caído en ello, puede que estés pensando: «¿Pero de qué me está hablando esta mujer?». Te entiendo, pero no te preocupes, estoy convencida de que cuando termines de leer este capítulo tú misma lo vas a ver muchísimo más claro y comprenderás la relación directa existente.

Presupongo que si este libro ha llegado a tus manos y además tu lectura ya ha llegado hasta este punto, eres, probablemente, una persona feminista.

Pero por si acaso todavía eres de las que piensan que «ni machismo ni feminismo: igualdad», voy a respirar profundamente, darte un voto de confianza y explicarte un par de conceptos.

El feminismo es un movimiento político y social, pero también económico, académico, cultural y filosófico, que busca cambiar el paradigma actual y fomentar las relaciones de igualdad entre mujeres y hombres, eliminando cualquier tipo de discriminación o violencia contra las mujeres.

Y con los números sobre la mesa, me parece despreciable seguir desviando la atención, tergiversar la información o hablar de «violencia intrafamiliar» o de «denuncias falsas». En el 2023 fueron asesinadas en España 102 mujeres a manos de sus parejas o exparejas, todas ellas hombres, por supuesto. En el año 2022 fueron 100. Y solo en los cuatro primeros meses de 2024, han sido asesinadas ya 33 mujeres.

Pero aún hay más. Según una macroencuesta de 2019 publicada por Amnistía Internacional España, cito textualmente:

1. Más de 2,8 millones de niñas y mujeres residentes en España de 16 o más años han sufrido violencia sexual en algún momento de su vida.

2. El 86% de las mujeres que han sufrido violencia sexual de su pareja actual afirman que ha sucedido en más de una ocasión.

3. Casi el 90% de las víctimas de delitos sexuales contra la libertad sexual son mujeres y niñas. (Ministerio del Interior, 2023).

4. Y el 95% de los responsables de estos delitos contra la libertad sexual son hombres. (Ministerio del Interior, 2023).

5. Ocho violaciones son denunciadas al día en España. (Ministerio del Interior, 2023). Las mujeres con discapacidad sufren porcentualmente una mayor violencia sexual o física por parte de sus parejas, 20,7% frente al 13,8% del resto de mujeres.

6. Las mujeres nacidas en el extranjero y residentes en España sufren una mayor violencia física y/o sexual por parte de sus parejas que las mujeres nacidas en España: un 24,7% frente al 12,7%.

7. Se estima que solo un 21,7% de las mujeres que sufren alguna forma de violencia por parte de sus parejas lo denuncia,

y más de la mitad de las que denunciaron declaran que la policía mostró escaso interés e hizo poco por resolver su caso.

Sin olvidar, por supuesto, los datos de la violencia vicaria, porque esta también es violencia de género, ya que tiene como único objetivo el infligir el máximo daño posible a la madre, instrumentalizando para ello a las hijas o hijos. Solamente en los cuatro primeros meses de 2024 han sido asesinadas por sus padres siete menores para este terrible fin.

Lo más grave, si cabe, es que existan leyes que sigan amparando estas situaciones y que todavía la sociedad no tenga grabado a fuego que un maltratador nunca puede ser un buen padre.

De hecho, según datos del Consejo General del Poder Judicial, solo un 3% de los casos de violencia de género termina con la suspensión del régimen de visitas a los padres que han ejercido maltrato, y únicamente el 5% de los jueces ordenan la retirada de la guardia y custodia a los agresores como medida cautelar de protección de los menores. Demenciales estos datos.

Las mujeres sufrimos violencia desde que somos muy niñas, son raras las excepciones en las que en nuestros círculos de amigas no hay ninguna que no haya sufrido algún tipo de violencia o agresión. Desde agresiones verbales o tocamientos totalmente «normalizados», por desgracia, a otro tipo de acciones que ya constituyen delito. Por no hablar del altísimo porcentaje de niñas que sufre violencia sexual en el ámbito familiar. O lo de vivir con miedo o con esa inseguridad constante cuando vas sola por la calle y/o de noche. O mil cosas más.

De hecho, en un impulso (porque no tenía pensado plasmar aquí experiencias personales de este tipo) te voy a contar situaciones, una muy grave, que yo he vivido. La primera, recuerdo estar jugando con mis amigas en la calle, con 9 o 10 años, y acercársenos un chico, sacarse el pene y empezar a tocarse frente a nosotras. Salimos corriendo y gritando y se lo contamos a nuestras familias. La segunda, estar en mi casa, mirar por la ventana y ver un coche aparcado delante con un señor mayor masturbándose. Yo tendría unos 12 años. La tercera, verme coaccionada, o forzada incluso, ahora que lo veo en perspectiva, a realizar una felación a un rollete con el que salía, además de eyacular en mi boca sin mi consentimiento, esto ya en la universidad. Y la cuarta y más grave, un intento de violación en mi propia casa también de un tío con el que me había enrollado tres veces y que se obsesionó conmigo cuando yo ya no quería verlo más. Por suerte, apareció la policía de casualidad, y sin ser yo muy fan del cuerpo de Policía, he de decir que no solo me salvaron la vida, porque cuando llegaron yo ya estaba intentando llegar a la cocina a por un cuchillo, porque era él o yo, sino que me protegieron y cuidaron en todo momento, me llevaron al hospital para hacerme el reconocimiento médico por los golpes que tenía, estuvieron conmigo cada minuto, me animaron a denunciar porque yo estaba en tal estado de *shock* que no era ni consciente de la gravedad de la situación, y durante el juicio me acompañaron y apoyaron al 100%. Ojalá hubiera más policías hombres así, y te estoy hablando de hace ya veinte años, porque esto sucedió en septiembre de 2004. Acabé con una orden de alejamiento de dos años, con un par de quebrantamientos de condena y con dos juicios más por ello.

Por suerte, gracias a la terapia y mi propia fortaleza personal superé este episodio de mi vida relativamente rápido. En cuanto los golpes y moretones se curaron, volví al trabajo y me juré a mí misma que jamás ningún hombre iba a hacerme vivir con miedo. Y hasta hoy.

Pero no solamente son estos casos más graves que muchas, demasiadas mujeres, hemos vivido, sino todo el sistema que lo sustenta. Es la precarización de nuestro trabajo, es la falta de conciliación laboral y familiar, es la invisibilización y el menosprecio de los cuidados, es el no poder llegar a los mismos puestos directivos que los hombres (y las pocas veces que llegamos, ganando mucho menos dinero), es la presión estética atroz a la que somos sometidas, es la hipersexualización de las niñas, es el edadismo especialmente en nosotras que no podemos ni envejecer en paz, es el normalizar relaciones sexo-afectivas de señores con chicas que podrían ser sus hijas o incluso sus nietas, es normalizar el «si te pega es que le gustas», es confundir el amor con posesión, es el no poder decidir ni sobre nuestros propios cuerpos, es el no tener el mismo acceso a la salud porque la gran mayoría de estudios se hacen sobre población masculina y existe un sesgo de género brutal, es el no tener acceso seguro a nuestros derechos sexuales o reproductivos, es la justicia patriarcal, es la cultura de la violación, es un largo etcétera. Porque el patriarcado lo inunda absolutamente todo.

Por eso es tan importante que seamos conscientes de cómo los estereotipos y la desigualdad de género nos afectan cada día de nuestra vida, en todas y cada una de nuestras esferas, y es vital saber identificarlos y luchar contra ellos.

Pero voy más allá. También es vital conocer nuestros privilegios, y aquí, de nuevo, retomo la teoría de la interseccionalidad, que en el argumentario feminista aparece por primera vez en los años 90, en la denominada «tercera ola» del feminismo. Porque, aunque como mujeres todas estamos oprimidas, no debemos olvidar que la raza, la clase, la disidencia de género o la situación geográfica y/o política contribuyen, e incluso agravan, esa opresión sistémica desde varios aspectos y aristas.

Interseccionalidad y sistemas de opresión: feminismo y antiespecismo

Ya he hablado antes de la relación entre los diferentes sistemas de opresión, pero ahora me voy a centrar en el binomio feminismo-veganismo.

Las mujeres feministas luchamos contra todo tipo de violencia y explotación, sexual, reproductiva, etc., que se comete hacia nosotras por el simple hecho de ser mujeres. Pero muchas veces, por desgracia, no somos conscientes de la violencia y explotación que cometemos nosotras hacia otras hembras no humanas. Porque, precisamente, no consideramos a otras hembras iguales, debido a nuestra total desconexión con nuestra naturaleza y con el antropocentrismo imperante en nuestra sociedad.

Pero vamos a reflexionar sobre esas otras hembras, en especial las mamíferas, que son exactamente igual de hembras que nosotras.

El caso más flagrante es el de las vacas. Esas famosas «vacas lecheras» son realmente animales de ficción, como los unicornios o los pegasos; sencillamente, no existen. Porque la realidad de las vacas «que nos dan leche» así, de manera natural y altruista, es muy distinta a lo que la industria nos ha hecho creer.

Siempre he manifestado que la mejor campaña de marketing de la historia, junto con toda la propaganda del estado genocida de Israel presentándose siempre como la víctima, ha sido la de la industria lechera. Me parece absolutamente loable que hayan hecho creer a varias generaciones de personas adultas que las vacas lecheras existen, que hay vacas que dan leche porque sí. Y que hasta incluso les hacemos un favor al ordeñarlas. Los mundos de Yupi.

Vamos a ver, ubiquémonos: las vacas lecheras no existen. Los Reyes Magos tampoco, ya lo siento.

Ni las vacas «lecheras», ni las «felices» que pastan libremente por el prado en los anuncios de la televisión. No, no existen, porque para que las personas puedan tomar su vaso de leche, su trozo de queso o su yogur, todas las vacas deben parir y así producir leche, que además esta no sería para las personas, sino para sus bebés, siendo además el alimento idóneo para ellos, no para nosotras. Vamos, como todas las mamíferas del mundo con sus crías, básicamente.

Para ello las vacas son inseminadas artificialmente de forma constante, cada año, y obligadas a parir una y otra vez durante toda su corta vida. De hecho, la producción de leche se ha multiplicado en las últimas décadas, mediante el uso de la selección genética, la reproducción artificial y los cambios en el contenido nutricional de los piensos. Este aumento de la producción de leche se traduce en que una sola vaca puede dar hasta seis veces más de la leche que necesitaría un becerro suyo, acarreando esto, lógicamente, numerosos problemas de salud para ellas.

La esperanza de vida de una vaca es de unos 25 años, pero en la industria son enviadas al matadero entre los 4 y los 6 años, totalmente exhaustas y destrozadas. Sus bebés, si son hembras, tendrán el mismo destino cruel que sus madres, y si son machos irán al matadero a las pocas semanas o meses de vida para que su carne esté lo más tierna posible. Además, para evitar contagios y enfermedades, los separan de sus madres nada más nacer y los encierran en pequeños habitáculos sin apenas poder moverse.

Como mamíferas que son, las vacas tienen un fuerte instinto maternal, y lloran y mugen desconsoladamente durante semanas cuando les arrebatan a sus crías, y estas también llaman a sus madres sin cesar.

Pero además son animales extremadamente sociales, y crean fuertes lazos entre ellas; de hecho, les encanta estar con el resto de sus familiares y amigas.

Así que, como puedes ver, la industria láctea es una de las más crueles que existe, ya no solo por la tortura constante a la que son sometidas las vacas y sus crías, sino por todo el daño que dicha industria causa a la degradación del medio ambiente y a la salud de las personas.

Por lo tanto, aunque parezca que detrás de la industria láctea no hay sufrimiento, porque además las grandes empresas lácteas así se esfuerzan en hacérnoslo creer, lo hay, y mucho. Por eso las personas veganas tampoco tomamos productos lácteos, porque detrás de ese aparentemente inofensivo vaso de leche hay mucho dolor, sufrimiento, tortura y muerte.

Y si estás pensando que todo esto no sucede en la ganadería extensiva, lo lamento, pero estás equivocada. Lo primero, porque de nuevo las vacas, por mucho que vivan al aire libre, también tienen que parir para poder dar leche. Y además esa supuesta libertad conlleva también mucho maltrato, ya que viven a la intemperie, expuestas a todo tipo de condiciones climatológicas adversas, ya sea nieve, granizo o calor extremo sin apenas sombras donde cobijarse, expuestas también a ataques de animales o a partos no atendidos, que pueden terminar trágicamente. Para acabar, al final, tanto ellas como sus bebés, en el mismo sitio: el matadero.

Pero no solo las vacas sufren lo indecible en la industria. Lo de las cerdas también es absolutamente espeluznante, y casi estoy segura de que tampoco conoces la realidad que te voy a contar ahora.

El cerdo es uno de los animales más inteligentes del mundo (tiene la inteligencia de una niña o niño de 3 años), pero es,

Feminismo y antiespecismo. A menudo no somos conscientes de la violencia y explotación que cometemos hacia otras hembras no humanas.

también, uno de los más consumidos y explotados. De hecho, se estima que en la actualidad hay en el mundo unos 1000 millones de cerdos, y esta cifra crece cada día debido al consumo de países emergentes como China o India, que han comenzado a consumir este tipo de carne como símbolo de estatus, copiando el modelo capitalista de Occidente. Una pena.

A las cerdas también se las insemina artificialmente y se las inmoviliza en jaulas metálicas de gestación, donde no pueden girarse ni ponerse de pie. Además, una vez dan a luz permanecen inmóviles en esas jaulas sin poder ni tocar a sus crías. Muchas veces, estas mueren aplastadas por sus propias madres. Es absolutamente escalofriante.

Son animales cuya esperanza de vida es de 10 a 15 años, como los adorados perros en nuestra sociedad, pero a estas cerdas, después de dos partos al año y con tan solo 3 años, se las envía destrozadas al matadero. Y sus lechones son mandados al matadero a los 6 meses de vida, aproximadamente, en la mayoría de casos sin haber visto nunca siquiera la luz del sol hasta que los suben al camión que los transportará a su destino final.

Es curioso como con 6 meses consideramos a cualquier perro, gato u otro animal «de compañía» un cachorro, porque lo es, con toda la ternura que eso nos produce, pero en cambio a los animales destinados a nuestro consumo no los vemos de ese modo, cuando las edades de su «sacrificio» son siempre cuestión de meses de vida o incluso semanas, como en el caso de pollos o conejos, que son enviados al matadero con 6 semanas.

Me produce mucha tristeza el total desconocimiento que hay de la gran mayoría de estos animales, debido, precisamente, a esa separación ilógica y orquestada que nos hacen desde pequeñas entre los animales mal llamados «de compañía» y los «de granja», haciéndonos olvidar que todos los animales sienten por igual. Como persona vegana y antiespecista, sufro con el dolor y explotación de todos los animales, pero el caso de los cerdos me toca especialmente la fibra por todo lo que los rodea y toda la información que conozco de ellos. Deseo que tras leer esto tú también los veas con otros ojos, mucho más allá del bocata de jamón.

Los cerditos recién nacidos reconocen la voz de su madre, y esta les canta nanas. Incluso las crías reconocen su nombre. Pero además, son animales tremendamente sociables, que crean fuertes lazos con animales y personas. Además, son capaces de comunicarse con más de veinte sonidos diferentes. También duermen abrazados y sueñan. Son muy empáticos y cuando alguien se siente triste tratan de hacerle sentir bien. Son además extremadamente limpios, al contrario de lo que se cree, pero como no pueden transpirar, el barro les ayuda a enfriarse y regular su temperatura.

Pero los cerdos en la industria son criados en lugares donde no pueden expresar su comportamiento natural, como jugar, mantenerse limpios o socializar con otros animales. Y esto les produce un tremendo sufrimiento y graves problemas de conducta. El maltrato, tanto físico como mental que sufren, es inimaginable.

Pero recuerda, el veganismo no va de inteligencia, sino de sintiencia y de respeto a la vida.

Sé que es muy difícil en nuestra sociedad especista ser conscientes de otras opresiones cuando se trata de animales no humanos, pero conozco a muchas mujeres veganas que, precisamente, hicieron esa conexión cuando fueron madres y amamantaban a sus bebés. Ponerse en el lugar de otra hembra igual que ella, y saber empatizar con su dolor por la separación con su bebé, les hizo recapacitar y reflexionar.

Patriarcado y consumo de carne

Pero no solamente el feminismo está intrínsecamente relacionado con el veganismo en lo relacionado a las hembras de otras especies, sino a todo el sistema patriarcal existente, ya que una de las características principales de la violencia patriarcal contra mujeres y animales es justo su conversión en meros objetos, su cosificación y mercantilización.

Todo este tema lo desarrolló de una manera magistral Carol J. Adams en su libro *La política sexual de la carne*, publicado en 1990. En él desarrolla la teoría del referente ausente, mecanismo por el cual se separa a la persona que come carne del sujeto-animal cuya parte se está comiendo, pero también habla del ciclo de objetificación, fragmentación y consumo, y hace una aproximación histórica entre el feminismo y el vegetarianismo, y de esto hace ya más de veinticinco años.

Diferentes estudios antropológicos y arqueológicos demuestran que el patriarcado comenzó con los primeros asentamientos humanos, cuando el ser humano dejó de ser cazador y recolector y comenzó a cultivar, es decir, en el Neolítico. Estudios recientes han demostrado, tras significativos hallazgos como los enterramientos de mujeres cazadoras en el Paleolítico, que no existían los roles de género en este tipo de sociedades.

Sobre esto quiero mencionar a Gerda Lerner, cuya tesis doctoral, publicada en 1986 y titulada *La creación del Patriarcado*, arroja mucha luz en este tema. Para Lerner, el patriarcado no es algo intrínseco al ser humano, obvio, sino que es una construcción social, y para su desarrollo y posterior asentamiento en tantas sociedades se dieron una serie de factores multidisciplinares, como demográficos, ecológicos o culturales.

Y yo, dando una vuelta aún más de tuerca, tengo mi propia teoría sobre todo esto, que me gustaría compartir contigo.

Desde una perspectiva sociológica tengo clarísimo que, como diferentes investigadoras han manifestado (cabe destacar a Isabel Balza Múgica en *Una biopolítica feminista de la carne* y a María Ruíz Carreras en su análisis de la obra de Carol J. Adams), el patriarcado no es algo inherente al ser humano, sino que es un constructo social y cultural. Pues, desde mi punto de vista, el especismo, igual. Y sí, ya sé que llevamos unos cuantos milenios con esta lacra, pero eso no quiere decir que sea algo «natural», por mucho que lo hayamos normalizado. De hecho, lo que más hemos normalizado es la disonancia cognitiva en lo relacionado al consumo de animales y en la separación que hacemos entre ellos o la empatía que nos generan según la especie.

¿Y si el especismo también comenzó con los primeros asentamientos humanos, cuando el ser humano empezó a utilizar a los animales en su propio beneficio? Antes los cazaba, sí, pero para alimentarse y vestirse, no los tenía explotados.

Y como especismo y sexismo van de la mano, junto con otras opresiones, como ya he explicado anteriormente, es lógico pensar que las causas que hicieron posible que el patriarcado naciese con los primeros asentamientos humanos, lo hiciesen también con el especismo. O, por lo menos, causas similares.

Pero no quiero ahondar más en esto, solo dejo la idea en el aire, porque lo que más me interesa no es abordar aquí el origen del especismo, sino explicar la relación existente entre sexismo, machismo y especismo. Volvamos a eso.

La sociedad patriarcal cosifica a las mujeres, creo que de eso no tenemos ninguna duda, y lo hace hasta el punto de «vendernos» incluso por partes ante los ojos del gran público consumidor masculino y heterosexual. Pero voy más allá. Los cuerpos de las mujeres son representados muchas veces como trozos de carne, y lo terrible es que muchas veces los cuerpos de los animales destinados a consumo también son representados como mujeres. Tenemos numerosos ejemplos gráficos sobre ello.

Esto es muy significativo porque lo que está representando realmente es la dominación masculina, es el poder que tienen los hombres para poder devorar esos trozos con total, no solo impunidad, sino connivencia social.

Del mismo modo que los animales son troceados y cosificados para consumo humano, lo es el cuerpo femenino para el consumo de los hombres. Nos dividen en pechos, glúteos, piernas y distintos orificios para penetrar. Fuerte, ¿eh? De hecho, es una expresión tristemente muy conocida la de sentirnos como «un trozo de carne» tras una experiencia traumática vivida con algún hombre que nos haya acosado o agredido.

Pero todo esto no es casual. Como también desarrolla Adams en su libro, la representación del hombre violento devorador de carne en contraposición a la mujer pacífica consumidora de vegetales tiene una base profundamente patriarcal. Es el mismo sistema el que sustenta y designa qué cuerpos son destinados a consumo y cuáles no.

Y esto no es nuevo. Las primeras sufragistas, algunas incluso vegetarianas y animalistas, como Frances Power Cobbe y Caroline Earle White, ya defendían que su compromiso tanto ético como político pasaba por adoptar una alimentación vegetariana.

Pero la cosificación y consumo de nuestros cuerpos no se ciñe solo a la alimentación. Las prácticas ginecológicas invasivas, así como el consumo de pornografía, la vivisección de animales en laboratorios o la gestación subrogada, por poner solo algunos ejemplos, también son prácticas aberrantes dentro de este sistema.

A lo largo de la historia hemos visto demasiadas veces una relación directa entre las personas en situación de esclavitud, las víctimas de genocidios o limpiezas étnicas, los animales utilizados en la industria y las mujeres utilizadas como mercancía. A todas ellas las han despojado de su individualidad, incluso, de su humanidad, presentándolas como animales. Lo hemos visto de nuevo recientemente en el genocidio del pueblo palestino, cuando el ministro israelí de Defensa dijo: «Estamos luchando contra animales y actuamos en consecuencia».

Y, aunque a las mujeres nos hayan dado algunos derechos como ciudadanas, no gozamos de los mismos derechos ni privilegios que los hombres. Tristemente, esto es así.

Pero el consumo de carne y el patriarcado va mucho más allá de la cosificación de los cuerpos destinados a consumo. Como decía antes, la virilidad va de la mano del consumo de carne. Y esto tampoco es nuevo. De hecho, me remonto a Plutarco, quien ya comparaba la gula con la lujuria y decía que ambas terminan en injusticia y crueldad. Y no es el único. Derrida también asocia la virilidad masculina con la dieta carnívora: «No se trataría solamente de evocar la estructura falogocéntrica del concepto de sujeto, por lo menos su esquema dominante. Yo querría un día demostrar que este esquema implica la virilidad carnívora. Yo hablaría de un carnofalogocentrismo» (Derrida, 2005).

El concepto de carnofalogocentrismo me resulta muy interesante, porque hace referencia a la estructura patriarcal de dominación especista, que es el origen de la brecha existente entre los animales humanos y los animales no humanos.

Pero Derrida analiza el asunto y manifiesta que el concepto de comer o devorar va más allá de la simple alimentación. Porque en lo referente al hombre, al varón, este lo devora todo, es como una animal insaciable que se cree con el poder y el derecho de devorar todo a su paso, desde cuerpos a ecosistemas o recursos naturales. Porque la opresión patriarcal, y más en este sistema capitalista, lo inunda todo.

Y es también por todo ello como a los escasos hombres que forman parte del movimiento vegano (se sabe que es un movimiento formado en su mayoría por mujeres) se les tilda de «poco hombres», «calzonazos» y se ataca a su supuesta falta de hombría. Es que me parece demencial todo, de verdad, tomar el consumo de carne como una medida de virilidad. En fin…

Crianza feminista

Para concluir este capítulo, voy a contarte un poco cómo lo hago yo con mis hijas y cómo las educamos y criamos en el empoderamiento como mujeres.

Lo primero, y aunque a ti te pueda parecer una chorrada (espero que no, porque no lo es), es la importancia que damos al lenguaje, ya que lo que no se nombra, no existe.

El lenguaje debe también evolucionar con la sociedad y este debe de ser no sexista e inclusivo. El lenguaje inclusivo nace como una reivindicación social y política para dar cabida a una realidad social cada vez más extendida: las personas de diferentes géneros.

Y, por favor, dejemos ya de decir que el masculino genérico nos engloba a todos y todas, porque lo siento, pero no. El masculino genérico hace justamente todo lo contrario, nos invisibiliza.

La sociedad avanza y con ella, el lenguaje. En los países anglosajones se utiliza el pronombre «*they*» y en Suecia ya se ha aceptado desde las instituciones el «*hen*» para referirse a las personas no binarias.

En el mundo castellanoparlante, especialmente en Chile y Argentina, se emplea la «e»; elles, chiques, amigues… Ya que es lo más inclusivo. De hecho, en varias universidades de Argentina se acepta y lo consideran expresiones válidas, tanto a nivel oral como escrito.

También en algunos textos se puede ver la x o la @, pero realmente no son inclusivas, ya que los procesadores de texto no las pueden leer y la comunicación se hace inviable.

Esto lo explica de una manera magistral Teresa Meana, filóloga y especialista en lenguaje no sexista e inclusivo, cuando argumenta que a nosotras desde pequeñas se nos exige cómo tenemos que interpretar ese masculino genérico en función de si se supone que entramos dentro o no según el contexto, el momento o la circunstancia. Ella pone un ejemplo cristalino: esa niña en la escuela a la que siempre han llamado niña y se identifica como tal. En clase, dice la profesora: «Los niños que hayan acabado los deberes pueden salir». Ella se queda quieta y la profesora le pregunta que si ya ha acabado por qué no sale. La niña responde que ha dicho «niños», y la profesora le dice que no, que se refería a toda la clase. Pero en otro momento dice de nuevo la profesora: «Los niños que se quieran apuntar al fútbol que levanten la mano». Y esa niña la levanta, y la profesora le explica que ella no, porque ha dicho «niños». Es decir, que realmente ese masculino genérico que se supone que nos engloba a todas es una falacia, porque no es así, ya que muchas veces no es genérico, sino específico. Y al final nosotras tenemos que adivinar por el contexto, como explica Meana, si pertenecemos o no, cosa que a los hombres varones pues no les pasa, porque siempre se sienten incluidos.

Existen varias guías de cómo utilizar un lenguaje inclusivo que nos incluya a todas las personas. Por ejemplo, la *Guía para el uso de un lenguaje más inclusivo e igualitario* del Ministerio de Justicia del Gobierno de España nos da varias recomendaciones, como cuando hacemos referencia a grupos de personas, podemos emplear como primera opción sustantivos genéricos, como persona, y colectivos para plurales, como ciudadanía, funcionariado, profesorado, etc. También podemos no poner siempre delante el masculino genérico cuando desdoblamos el lenguaje, por ejemplo, decir niñas y niños. Podemos usar sustantivos invariables en el género, como vocal, participante, denunciante. También incluso hacer cambios de estructura en determinadas oraciones, usar fórmulas alternativas, etc.

Nosotras en casa, y como creo que ya has podido comprobar a lo largo de esta lectura, nos hablamos en femenino genérico. Tiene toda la lógica, somos tres hembras y un varón, así que ganamos por mayoría y sería absurdo no hacerlo.

Porque repito, en esta sociedad patriarcal, lo que no se nombra, no existe. Nuestras hijas, sin ir más lejos, se molestan mucho cada vez que las engloban dentro del masculino genérico, porque no se sienten ni representadas ni incluidas.

En nuestro caso, nosotras utilizamos la «a». Porque la «a» engloba a todas las personas, y además porque somos feministas.

Como dice María Martín en su libro *Ni por favor ni por favora*: «El lenguaje inclusivo es la decisión voluntaria de nombrar la realidad tal y como es, y no tal y como se nos dice que se tiene que nombrar».

Pero, lógicamente, la crianza feminista va mucho más allá de la utilización del lenguaje. Se trata también de criar en ese empoderamiento como niñas, sabiendo que el patriarcado lo inunda todo. Que sean fuertes y no cedan espacios, que no permitan situaciones de acoso ni crean que no tienen la misma voz ni las mismas oportunidades que ellos.

Y todo esto es un trabajo constante y diario. Por suerte, cada vez hay más libros feministas para peques, películas o series de televisión, incluso dibujos animados, pero también hay muchísimo contenido machista y patriarcal. En casa, lo que hacemos siempre es verlo todo con las famosas «gafas moradas», es decir, con una perspectiva feminista, Y con esa mirada crítica vemos todo tipo de películas o series; antes de verlas incluso les contextualizamos épocas o situaciones y mientras las vemos, cuando detectamos algo machista, lo paramos y se lo explicamos. He de decir que esto lo hacíamos mucho más antes, ahora la mayoría de las veces lo paramos y antes de decirles nada ya nos dicen ellas: «Que sí, que es super machista, pero dale al *play*».

Hablo de series o películas porque, lógicamente, mis hijas con 12 y 10 años, de momento no tienen redes sociales. Y digo lógicamente porque ninguna niña las debería tener. Esto no lo digo yo, lo avala la evidencia científica y cada vez más estudios de diferentes profesionales sobre este tema. Y esto es otro melonazo. Estamos viendo, debido a las redes, comportamientos auténticamente aberrantes entre niñas, como la moda del uso abusivo e indiscriminado de productos cosméticos para el cuidado facial y maquillaje. Tanto dermatólogas como psicólogas ya están alertando de esta nueva moda extendida por todo el mundo gracias a las redes sociales de niñas preadolescentes y adolescentes y este nuevo trastorno, denominado ya «cosmeticorexia». Porque, como es lógico, no solo puede dañar la piel, que no está preparada para ese tipo de productos ni los necesita a esas edades, sino que pueden desarrollar baja autoestima, ansiedad e incluso trastornos alimentarios, entre otras muchas cosas. Demencial todo.

La presión estética y la sexualización a las que son sometidas las niñas las vemos a diario en cada esquina, tanto real como virtual. Bikinis con rellenos, tops, shorts, zapatos con tacón, maquillajes, etc., no entiendo como no existen todavía leyes que regulen esta atrocidad. La presión estética es brutal desde la más tierna infancia.

Así que el trabajo desde casa y la familia me parecen primordiales para tratar, en la medida de lo posible, de contrarrestar todo esto.

En mi caso, procuro darles todas las herramientas posibles y que entiendan que, muchas veces, la mayoría de las decisiones que tomamos las mujeres sobre nuestros cuerpos o nuestra estética son fruto de toda la presión patriarcal que recibimos a diario. Esto no significa que no lo hagamos o claudiquemos, sino que, por lo menos, seamos conscientes de por qué tomamos las decisiones que tomamos y que elijamos también nuestras batallas, porque no podemos librar todas las guerras sobre nosotras ni sobre nuestros cuerpos.

Yo, por ejemplo, sí me depilo, de hecho, tengo el láser hecho en todo el cuerpo desde hace ya muchísimos años, pero cuando me toca repasar alguna zona lo hago siempre «a escondidas», porque no quiero que mis hijas normalicen el hecho de que nosotras nos tenemos que depilar por el simple hecho de ser mujeres. Por suerte, en nuestro círculo de amistades hay mujeres que no lo hacen y mis hijas también lo ven. O el hecho de maquillarse, yo a diario me maquillo muy poco, de hecho, cada vez menos, pero lo hago, y les explico por qué. Pero si alguna vez me piden maquillarse en alguna situación concreta, les digo que no, sin contar disfraces o carnavales. De hecho, te voy a contar una situación reciente que hemos vivido.

Mis hijas hacen patinaje artístico, y hace poco asistieron a una competición. Lo primero que ya es tremendamente sexista es la equipación. Como en otros deportes de este tipo, las mujeres vamos en bragas, directamente y ellos en pantalones. Por suerte, en su club de patinaje la elección de la ropa es libre y Navia eligió ir con pantalones; de hecho, en toda la competición eran tres niñas con pantalones, una minoría apabullante, pero algo es algo.

Aunque lo que más me llamó la atención, porque era su primera competición y nunca lo había visto, fue el hecho de que, en las categorías infantiles, donde el rango de edad de las niñas era el más bajo (niñas muy pequeñas, de 5, 7 o 9 años), iban maquilladas como puertas. Yo no daba crédito, era como estar en la película *Pequeña Miss Sunshine*, que si no la has visto te la recomiendo muchísimo porque refleja de una manera brillante lo de los concursos de belleza de niñas en Norteamérica y todo lo que conlleva. Otra cosa más que no entiendo es por qué no existen leyes al respecto.

Total, que lo mismo. Niñas maquilladísimas, con purpurinas y con unos moños y unos peinados de peluquería. Por supuesto, responsabilidad de las madres y padres, y fruto todo ello de un sistema atroz que fomenta y avala este tipo de actuaciones y comportamientos. Curiosamente, las chicas más mayores y adolescentes iban muchísimo menos maquilladas y con peinados mucho más discretos.

Mis hijas compitieron con la cara lavada y con una coleta. Y felices. Es más, ellas mismas fueron conscientes de la situación y lo comentamos en casa, y les explicamos lo aberrante de todo ello.

No estoy atacando a esas madres ni padres, porque la culpa es del sistema, como he dicho antes, pero sí creo importante señalar responsabilidades y reflexionar sobre nuestros actos y lo que ellos conllevan. Pero no solo en esta situación en concreto, sino en general sobre la presión estética de nuestros cuerpos.

Como por ejemplo, y otro melonazo, el peso, el tamaño de nuestros cuerpos y la gordofobia interiorizada que todas tenemos. Sí, todas, yo también. Me ha costado años deconstruirme en esto, y lo sigo haciendo cada día gracias a seguir en redes a activistas y nutricionistas antidieta y antigordofobia.

Por suerte, yo jamás he tenido ningún tipo de trastorno de la alimentación ni ningún tipo de complejo ni trauma con mi cuerpo. También es verdad que hablo desde mi privilegio de persona delgada con una genética y una constitución que me han permitido siempre comer de todo sin engordar jamás.

A pesar de ello, la sociedad y la presión estética están ahí, y a mí siempre se me ha señalado y acosado, incluso con cánticos en el colegio, por el tamaño de mis pechos. Pues a pesar de sufrir acoso por este tema durante toda mi adolescencia (en las clases de gimnasia o en la piscina yo era la campeona de natación, porque «nada por delante y nada por detrás»), jamás me importó ni supuso un problema para mí. Y esto es debido a mi autoestima y seguridad innatas y al apoyo de mi familia. Recuerdo siempre que mi madre me decía: «¿Para qué quieres ir cargada para los demás?». Y tenía toda la razón. Es más, durante varios años mi padre me ofreció como regalo de cumpleaños operarme para realizarme un aumento de pecho, para evitar complejos o por si me sentía mal con mi cuerpo. Evidentemente, no estaba tan deconstruido en este tema. Mi respuesta era siempre la misma, ni borracha me operaba yo de eso, porque no tenía ningún complejo ni nunca lo he tenido.

Y a mis hijas trato de inculcarles esa seguridad en sus cuerpos, jamás hablamos de peso, en nuestra casa nunca se ha hecho un régimen para adelgazar, no comentamos nada sobre los cuerpos ajenos, porque a ver cuándo nos metemos en la cabeza que de los cuerpos ajenos no se habla, y punto. No se hace «operación bikini», ni nos pesamos. Hablamos de la diversidad de cuerpos y, en especial, de la aceptación de nuestros propios cuerpos, de quererlos y querernos, de no compararse y de enseñarles que lo que ven en publicidad u otros sitios no es real, que las mujeres no somos así y que no existe un estándar de belleza.

No cabe duda de que debido a la era digital que nos ha tocado vivir y que nuestras hijas sean la primera generación 100% digital, hay muchos aspectos de la crianza que se ven directamente afectados por esto, y demasiadas veces ocurre de una manera negativa, en especial en las edades donde son más vulnerables. Por eso creo muy importante y necesario que desde el sistema educativo se implanten clases sobre competencias digitales a nivel curricular, que luego mucho que vienen algunas con lo del pin parental en actividades extracurriculares, vetando contenidos sobre derechos e igualdad o educación sexual, pero el tema del acoso o la manera de relacionarnos con las nuevas tecnologías desde el respeto y la diversidad, ya si eso para otro día…

Del mismo modo, también creo muy necesario que tanto madres como padres o quienes sean las personas responsables de esas menores nos actualicemos sobre redes sociales y adquiramos competencias digitales en un mundo que avanza, para bien y para mal, tan rápido en estas nuevas formas de relacionarse.

7 Mundo rural

Del barrio de Salamanca a un pueblo de la sierra de Gredos.

Sin duda, nuestra crianza, y toda nuestra vida se han visto marcadas por la mudanza de Madrid al pueblo tras la pandemia del COVID. Porque este giro ha tocado muchos aspectos importantes de nuestra vida como el veganismo, el feminismo, el racismo, las tradiciones, etc. Y a lo largo de este capítulo iré desgranándolos.

Desde que llegué a Madrid y dejé el colegio mayor, he vivido en el barrio de Salamanca. De hecho, Pablo y yo nos conocimos en uno de sus parques paseando a nuestros respectivos perretes, porque él también vivía ahí. Sí, confirmo que con los perros se liga, a las pruebas me remito.

Cuando nació Antía, nos mudamos a otro piso, mucho más grande y espacioso pero en el mismo barrio. Nuestra vida era acomodada y nos encantaba nuestro barrio y todas sus comodidades.

Pero llegó la pandemia y lo tambaleó todo. Recuerdo perfectamente estar pasando unos días en la que era nuestra segunda residencia, una casita en un pueblo de la sierra de

Gredos, a una hora de Madrid, y, de repente, el confinamiento. Debíamos decidir si regresar a nuestro piso de Madrid o no. Lo hablamos en familia y decidimos quedarnos, pensando que sería cosa de una semana o dos… Pero de esto hace ya cuatro años.

Así que pasamos el confinamiento en el pueblo, y cuando acabó y podíamos regresar a Madrid, nos entraron dudas. Sabíamos que era un cambio de vida brutal, pero llegó en un momento vital donde también necesitábamos estar cerca de la naturaleza y llevar una vida más «*slow*».

Es curioso, porque mi frase siempre era: «Yo no me voy de mi piso ni con agua caliente». Pero mira, me recuerda a la de: «Yo jamás seré madre». Y es que así soy yo, la de «yo nunca…» para luego tener que tomar dos tazas; pero oye, tan feliz.

A ver si empezamos a normalizar lo de cambiar de opinión, por favor, que parece que hacemos pactos de sangre en cosas que no son tan vitales. Tenemos derecho a cambiar de opinión y que por ello no se nos crucifique.

No hay que confundir cambiar de opinión con cambiar de principios morales o éticos a la ligera. Que también puedes hacerlo siempre que sea para bien y de manera positiva. Pero cambiar de opinión en determinadas cosas es signo de evolución, y evolucionar y no quedarnos ancladas es vital para nuestro crecimiento y desarrollo personal.

Así que del «yo jamás podría vivir fuera de mi barrio», pasé a vivir en un pueblo pequeño de la sierra de Gredos, taurino, cazador, ganadero y muy facha. Bueno, lo de facha ya lo tenía también en mi barrio, pero aquí el facherío tiene una idiosincrasia diferente. Así que imagínate el percal.

Y si para decidir quedarnos a pasar el confinamiento en el pueblo tuvo que haber consenso familiar, imagínate para decidir dejar toda nuestra vida en Madrid y quedarnos a vivir en el pueblo. Pues super reunión familiar, porque sabíamos que esto afectaba, en especial, a nuestras dos hijas: cambio de colegio, amigas nuevas…

Así que nos quedamos a vivir en la que era nuestra segunda residencia que, por ahora, es la primera.

Spoiler: Nos vinimos muy arriba con tanto rural, pero prefiero desgranar más detenidamente nuestro camino con sus pros y sus contras. Porque aunque es un pueblo a una hora de Madrid, la mentalidad es muy diferente y toca muchos palos como el especismo, el feminismo, la religión, etc. Además, ha sido toda una experiencia, y también un reto, salir de mi zona de confort, de mis privilegios y toparme con una realidad tan diferente y desconocida para mí.

Evidentemente ya sabíamos que era una zona ganadera y cazadora, y que nuestro veganismo aquí sería más «complicado», y lo fue, pero no en el aspecto que más pensábamos nosotras. Porque, curiosamente, a nivel social hemos tenido incluso más facilidades que en el famoso colegio Montessori en Madrid, donde no les ponían ni una mísera opción vegana a mis hijas en la gran mayoría de los cumpleaños. En cambio, aquí, he de decir que en absolutamente todos los cumpleaños que han ido estos últimos años siempre las madres se han preocupado porque mis hijas tuviesen opciones aptas para ellas. El porqué de esto ya te lo comenté y expliqué en el primer capítulo: el sentido de comunidad y de que ninguna peque se sienta desplazada por la comida es fuerte, y eso es muy bonito.

Por suerte en el colegio también estaban pendientes de ponerles opciones veganas en eventos o fiestas concretas, así que a nivel social, por esa parte ha sido mucho mejor de lo que nos imaginábamos. Y lo he agradecido siempre mucho.

La parte negativa es la falta de opciones que hay, en nuestro pueblo en concreto (salvo un herbolario que tiene comida vegana) y las pocas opciones básicas que van llegando a los supermercados. No hay nada, ni un solo establecimiento de hostelería tiene algo, y no lo tiene porque no les da la gana, por el rechazo que existe al veganismo como posicionamiento ético y político. Así que por esa parte menos mal que tenemos Madrid cerca y nos solemos escapar cuando echamos de menos la comida rica vegana. Aunque también he de decir que en otros pueblos cercanos al nuestro sí que hay opciones en restaurantes tradicionales, verdaderas opciones más allá de la terrible y viejuna parrillada de verduras, y me parece maravilloso, porque repito, cuando no las hay, con todo el acceso a la comida y la información existente, es porque no quieren, y punto.

Pero el especismo en el rural va mucho más allá de la comida, como ya te habrás podido imaginar. De hecho, lo inunda todo… Y eso es la parte más complicada quizás.

Porque, que la sociedad en la que vivimos es tremendamente especista, pues ya lo sabemos, pero claro, cuando vives en una gran ciudad no es tan palpable, quizás, en cada esquina.

Pero aquí no, aquí vas paseando por el monte y escuchas a los perros de las rehalas, o vas paseando por el pueblo y ves las furgonetas de las rehalas, o haces una pequeña ruta por las afueras y ves las explotaciones de ganadería, o las condiciones en las que tienen en fincas a equinos, y un largo etcétera. Así que ver el maltrato y la explotación tan de cerca y cada día no es fácil para una persona vegana.

Aun así, en nuestro caso «compensa» el vivir en plena naturaleza, con todo lo que eso conlleva. Además, somos mucho más conscientes de ese maltrato y ya no nos pueden rebatir

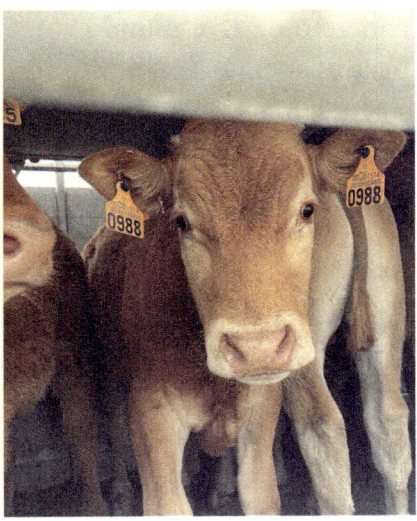

Especismo en el rural. En el rural es más fácil ver de cerca y de forma cotidiana el maltrato y la explotación animal que en la ciudad.

nuestra «urbanidad», que es a lo que muchas veces se aferran los ganaderos. Sabemos de lo que hablamos porque lo conocemos y lo vemos.

Pero voy a ir más allá, y a hacer un poco de abogada del diablo. Desde que llegamos al pueblo hemos mantenido un perfil bajo, es decir, todo el tema activismo que hacíamos en Madrid no lo hacemos aquí, en especial por nuestras hijas, que son las que más tienen que socializar en el colegio. Porque, a pesar de lo que mucha gente diga, eso de que las personas veganas imponemos u obligamos a las demás y blablablá, esto no es cierto. No te digo yo que no existan las cuatro veganas exaltadas que van con su verdad absoluta y supremacista arrasándolo todo, pero ese nunca ha sido mi estilo.

Así que, a pesar de todo, trato de ponerme en el lugar del otro y entender cómo y por qué hacen lo que hacen. Y en el caso concreto de este mundo rural, además lo hago desde una perspectiva sociológica, y aquí hay mucho que analizar.

Imagínate que incluso, en algunos cumpleaños, las madres y padres que los organizaban eran cazadoras, y aun así, se preocupaban de que mis hijas tuvieran sus opciones veganas. Porque en esta realidad rural se trata de convivir y por muy absolutamente en contra que esté yo de la caza y de todo lo que conlleva, intento hacer un ejercicio de empatía extremo, y tratar de entender por qué en este ambiente la caza o la tauromaquia son realidades tan presentes y aceptadas.

Y, en gran parte, lo son por la falta de opciones. Me explico.

No hay ocio prácticamente, no hay prácticamente nada que hacer, apenas hay actividades ni centros o asociaciones que ofrezcan alternativas culturales o de ocio de calidad. Pero claro, salir a matar es gratis, y las corridas de toros también lo son para menores. Esto es, en gran medida, por las enormes subvenciones públicas que reciben todos los ayuntamientos, porque sin esto, esta tradición sanguinaria ya habría terminado hace muchos años. Así que ante la falta de opciones y la facilidad de acceso a este tipo de «actividades», son las que prevalecen.

Y, lógicamente, ayuda todo lo que conlleva también la visión, el trato y el uso de los animales en este tipo de entornos rurales.

Por todo ello, es también fundamental fomentar otro tipo de ocio en este rural, pero voy más allá incluso, apostar por todo tipo de programas que fomenten la realización personal, que la juventud tenga opciones de vida, tenga acceso a educación más allá de la obligatoria, tenga acceso a infraestructuras de calidad, como hospitales, etc.

El rural es fundamental, porque las ciudades son cada vez menos habitables. Lo hemos visto con la pandemia del COVID, como arrastran unas graves problemáticas y ya no solo medioambientales, sino también sociales. Problemas como el difícil acceso a la vivienda en grandes urbes y la gentrificación atroz, así como la rotura del estado de bienestar y la creciente privatización de los servicios básicos como sanidad y educación, están haciendo que vivir en una gran ciudad sea cada vez más complicado y afecte directamente a nuestra salud tanto física como mental.

Por lo tanto, como contrapartida, necesitamos rurales donde poder vivir y sentirnos realizadas, rurales con ofertas de ocio mucho más allá de las corridas de toros y las fiestas de los pueblos donde la juventud, desde edades muy tempranas, basa todo su divertimento en el consumo masivo de alcohol y otras drogas.

Quizás tú conozcas como son las fiestas populares, lo de los quintos y las peñas, las verbenas y las orquestas, pero yo antes de venir a vivir aquí no tenía ni idea, y es algo que me ha impactado mucho.

Ver grupos de adolescentes, y preadolescentes incluso, como customizan carritos del supermercado para llenarlos hasta arriba de alcohol de todo tipo y pasearlo por todo el pueblo para beber en cada esquina me dejó flipada. O ver cómo esos mismos grupos llevan camisetas iguales con sus nombres y con su eslogan o frase de «peña», que es casi siempre algo relacionado con el consumo de alcohol, drogas y la juerga. He visto hijas adolescentes bailando en la plaza del pueblo con sus padres y ambas absolutamente borrachas.

Y sí, por supuesto que la normalización y aceptación social, así como la banalización del consumo de alcohol, u otro tipo de drogas en nuestra sociedad actual es verdaderamente alarmante, y esto, por desgracia, no solo pasa en el rural. Pero aquí es palpable precisamente por lo que he comentado antes, por esa gran falta de opciones y de educación en muchos aspectos.

CONSUMO DE ALCOHOL

Estudiantes de 14 a 18 años en España, año 2023

¿Cuántos beben?

Alguna vez en la vida **78,1 %** de las **chicas**
  73,7 % de los **chicos**

Últimos 12 meses **76,1 %** de las **chicas**
  71,2 % de los **chicos**

Últimos 30 días **58,7 %** de las **chicas**
  54,5 % de los **chicos**

Fuente: ESTUDES. Encuesta sobre Uso de Drogas en Enseñanzas Secundarias en España. Año 2023. Plan Nacional sobre Drogas, Ministerio de Sanidad.

Inciso: Hace veinticinco años que dejé de consumir drogas y hace casi tres años que dejé de beber alcohol. Ambos consumos eran esporádicos y meramente recreativos. Pero llegó un momento que no aportaban nada positivo a mi vida, y dejé de hacerlo drásticamente.

Pero es que, además, los datos de España sobre el consumo de alcohol son muy preocupantes. El 72% de las menores de edad consumen alcohol y el 44% lo hacen en forma de atracón.

Según la Encuesta Europea de Salud en España 2020, un 74,6% de hombres de 15 y más años ha consumido alcohol en los últimos doce meses. En mujeres, el 56,8%. Según grupos de edad, el porcentaje más elevado corresponde al grupo de 25 a 34 años (80,6% en los hombres y 64,7% en las mujeres).

Parece que no podemos celebrar nada si no hay una copa de alcohol de por medio. Existe un consumo social totalmente normalizado y aceptado, hasta el punto de que si tú no consumes serás blanco de ataques o cuestionamientos. Me recuerda al veganismo, ¿verdad? Porque todo lo que sea salirte del redil, pues ya sabes.

Cada vez tenemos más evidencia científica de que consumir alcohol, aunque sea en dosis muy bajas, tiene consecuencias muy negativas para nuestro organismo que pueden derivar incluso en graves enfermedades.

Así que, creo yo, lo verdaderamente antisistema y subversivo es no consumirlo, es no seguir haciendo lo que todo el mundo hace, es plantearse por qué consumes y para qué lo haces. Es plantearse si realmente bebes para divertirte, para escapar de tu realidad, si eres libre para hacerlo o si es el propio sistema el que te quiere ahí, ausente. Yo te dejo las preguntas en el aire para que tú misma reflexiones sobre ello, porque yo tengo muy claras mis respuestas.

De hecho, hay cada vez más opciones fantásticas sin alcohol, como cervezas, vinos o incluso cavas. Algo que, hasta hace unos años, era impensable. Así que quiero creer que vamos por el buen camino, y que también en esto existe cada vez más conciencia social sobre todos los efectos negativos del consumo de alcohol.

Pero en este rural existen también otras realidades difíciles, como el machismo, el racismo y la xenofobia. Bueno, realmente existe el mismo que en otras partes debido, en gran parte, a la polarización de la sociedad española y el auge de los discursos de odio y las *fake news* de la extrema derecha. Pero quizás, aquí, lo disimulan menos.

En esta zona de la sierra de Gredos, en Ávila, hay mucha diversidad cultural, hay una gran población de familias marroquíes, también una amplia comunidad gitana y personas de diferentes nacionalidades y países. Y lo que podría ser una oportunidad maravillosa de romper estigmas, crear lazos y fomentar la inclusión, se ha convertido en un nido de racismo muy fuerte.

El problema viene, principalmente, por la falta de apertura en general de la mentalidad de este rural. Las tradiciones siguen siendo muy fuertes, y lo que sería una gran oportunidad para derribar muros y conocer realidades, se transforma en cerramiento y recelo hacia lo desconocido. Es más, siguen aún muy vigentes y latentes todos los clichés de las «paguitas» y demás bulos fascistas que les asignan a este tipo de colectivos tan desfavorecidos. Una pena.

Por ejemplo, aquí la religión sigue teniendo un fuerte peso; la inmensa mayoría de las niñas y niños hacen la primera comunión, y en el colegio dan clases de Religión. Esto es algo que me llamó poderosamente la atención cuando llegamos. Mis hijas siempre han acudido a colegios laicos, y debido a nuestro ateísmo, nunca han asistido a clases de Religión. En Madrid lo más normal en todas las clases de los colegios en los que han estado era que la mayoría del alumnado no daba clases de Religión, pero aquí es justo lo contrario. Recuerdo que, cuando Antía nos dijo que solo tres en clase no daban la asignatura de Religión, no me lo podía creer, era justo todo lo contrario a lo que habíamos vivido durante toda su escolarización.

Así que, como puedes observar, las tradiciones y la continuación de determinados patrones de comportamiento sin apenas cuestionamientos marcan esta sociedad rural. Te pongo otro ejemplo. Desde primaria, la mayoría de los niños, varones, sueñan con ser militares, guardias civiles o futbolistas. Bueno, lo de futbolistas es más habitual, por desgracia, también en entornos urbanos, pero lo de guardia civil o militar jamás lo había visto hasta llegar aquí. Es como meterte en una máquina del tiempo y aparecer en 1950 en muchos aspectos.

De modo que vivir en este constante Dios, Patria y Bandera, a veces se hace complicado.

Por suerte, también hemos conocido en estos años a personas afines a nosotras, y a nuestras hijas también. De hecho, el grupo de amigas de Antía en el instituto es muy diverso en cuanto a religiones y nacionalidades. Me parece algo maravilloso.

Por todo ello, vivir en el rural nos sigue compensando de momento, es una vida mucho más tranquila, sin contaminación de ningún tipo, donde puedes ver las estrellas cada noche, pasear por la naturaleza, respirar aire puro, donde no existen marquesinas llenas de publicidad, ni tráfico, ni ruidos constantes; de hecho, puedes escuchar el silencio. Y también seguimos luchando desde aquí para que este rural avance, se abra y dé cabida y cobijo a otras realidades. Para ello participamos y fomentamos diversas asociaciones muy necesarias en esta zona y que hacen un gran trabajo, acercando la cultura, el ocio sano y el deporte a estas realidades.

Para finalizar este capítulo, me gustaría también visibilizar algo. El rural de Castilla, en este caso de Castilla y León, es muy diferente al rural del norte de España, por ejemplo el de Galicia o el del País Vasco; aunque nunca haya vivido en ellos, los conozco de primera mano y tengo una estrecha relación con ambos. Tanto la mentalidad como las tradiciones no son esas tan «típicamente españolas», esas que chocan de lleno con mi forma de ser y de entender el mundo, esas tradiciones que creo de verdad que deben incluso desaparecer, porque la tortura no es cultura. Las tradiciones también deben evolucionar con la sociedad y no quedarse estancadas en el pasado, porque así lo único que hacen es oxidarse y pudrirse, y contagiar a las nuevas generaciones de esa podredumbre.

Así que nuestra crianza en este entorno tan hostil tampoco es fácil. La parte buena es que mis hijas rápidamente son conscientes del especismo, el machismo y el racismo tan palpable que existe, tanto en la sociedad en general como en este rural en particular.

8 Educación en positivo

Niñofobia y adultocentrismo.

En el primer capítulo ya te comenté que nunca he sido esa madre que se leyó cinco enciclopedias para serlo. He apostado mucho más por mi instinto y por quitarme el ruido excesivo a mi alrededor, porque creo que existe demasiado ruido en la crianza y muchas veces no nos deja ni escucharnos.

Por ello tenía claro el tipo de crianza que les iba a dar a mis hijas, no quería imposiciones sin reflexión, ni el «porque yo lo digo», ni el «esto es así y punto». Ni, por supuesto, el miedo ni el autoritarismo.

Ahora, por suerte, ya es mucho más habitual la llamada educación en positivo o seguir las doctrinas de la filosofía Montessori, pero hace más de doce años pues imagínate lo poco conocido que era todo esto. De hecho, ojalá hoy también estuviese mucho más extendido, porque queda todavía mucho por avanzar y por hacer.

Estamos acostumbradas a seguir patrones de conducta, y muchas veces no los rompemos porque no lo creemos necesario, cuando no es así en absoluto. ¿Cuántas veces has escuchado lo de «la torta a tiempo»? O lo de «pues a mí me dieron con la zapatilla y no tengo ningún trauma». Demasiadas, ¿verdad?

No soy psicóloga, así que no voy a entrar en tema trauma, pero vamos, que a nivel personal me parece ridículo el escudarse en llegar a tener un trauma para cambiar patrones de conducta que no son positivos, no ayudan y, desde luego, hacen más mal que bien.

Pero sí soy socióloga, y te voy a hablar de comportamientos y patrones que sí nos afectan como sociedad.

La población infantil es el futuro de la sociedad, y sí, ya sé que esta frase está tan manoseada que hasta parece que carece ya de sentido. Pero párate a reflexionar. ¿Qué futuro y qué sociedad quieres?

Dejando a un lado a las personas misántropas y antinatalistas, de que las que ya te he hablado en otro capítulo, la mayoría de personas, como animales sociales que somos, queremos y necesitamos vivir en sociedad. Pero en una sociedad sana, justa, empática y equitativa. Sí, estoy pidiendo mucho, soy consciente, pero podemos lograrlo si, precisamente, educamos correctamente a las nuevas generaciones.

Y criarlas bien no es anularlas, no escucharlas, no dejarlas ser, y, ni muchísimo menos, golpearlas y/o castigarlas. Criarlas bien es respetarlas y empoderarlas.

Las infancias en nuestra sociedad son relegadas a una categoría inferior desde que nacen, son como ciudadanas de segunda. Es que no tienen ni los mismos derechos que el resto, y esto es tremendo. Quizás te parezca excesivo lo que estoy diciendo, pero no lo es. Te pongo un ejemplo.

Existe un debate actual sobre los espacios, ya sean de restauración o hoteles *children free* o «solo para personas adultas».

Este debate me pone los pelos de punta, pero te voy a confesar algo: yo he estado ahí, y he viajado a hoteles así. Aunque, una vez más, he reflexionado y me he deconstruido también sobre este hecho y todo lo que conlleva.

Los argumentos de muchas personas que defienden estos espacios es que ellas no tienen por qué soportar a niñas y niños gritando, corriendo y molestando; es decir, siendo niñas y niños, existiendo, básicamente, cuando quieren descansar o disfrutar de su tiempo libre y de ocio. Si ese argumento lo extrapolamos a otro grupo social, ¿qué nos parecería? «A mí es que no me gusta estar con personas negras en hoteles». «A mí es que no me gusta estar con personas con discapacidad en restaurantes». ¿No te resulta absolutamente grotesco? Entonces, ¿por qué con menores nos parece algo aceptable? Pues por la alarmante niñofobia y adultocentrismo crecientes en nuestra sociedad.

Y pienso que es muy importante analizar como sociedad de dónde viene ese rechazo a las infancias. Algunas psicólogas hablan de que ese rechazo puede venir de algún trauma de la infancia o de modelos educativos demasiado autoritarios y restrictivos, donde los gritos y los castigos eran la tónica habitual. Otras analistas lo achacan más a la baja tasa de natalidad en España y, por tanto, a la falta de tener peques cerca de muchas personas, que son incapaces de empatizar con esas madres o padres que están criando y con esas peques que solo están haciendo cosas de peques.

A mí, personalmente, no me preocupa tanto el origen, lo que realmente me importa es la solución. En la vida, es vital trabajarse nuestras cositas y no sangrar sobre quien no nos hirió, pero si es que además estás volcando todo eso sobre un grupo social tan vulnerable como son las infancias, me parece muy peligroso. Y sí, entiendo que muchas veces resulte molesto estar en un restaurante con peques corriendo o gritando. Pero punto número uno: debemos ser nosotras como adultas capaces de gestionar ese malestar. Y punto número dos: es responsabilidad de las madres y padres enseñarles también a convivir en sociedad, por supuesto.

Pero que niñas y niños se comporten como adultas nunca debería pretender ser la solución. Por no hablar ya de las infancias neurodivergentes, que es otro melón y merecería un capítulo exclusivo para ello.

Los cambios sociales profundos vienen desde abajo, y son muy lentos, por desgracia. Pero no por ello debemos de dejar de luchar y tratar de cambiar las cosas. Lo hemos visto con el avance del veganismo en estos últimos años, con el avance del feminismo, y también debemos verlo con el adultocentrismo. Aunque de momento sea un término mucho menos conocido, existe y es peligroso. Y no solo afecta a las infancias, sino a personas mayores y también jóvenes.

Según palabras del sociólogo Claudio Duarte, que lleva décadas trabajando sobre esto: «Lo contrario del adultocentrismo es colaboración, diálogo y justicia intergeneracional».

A lo largo de este libro ya te he hablado de muchas opresiones y luchas. Todas tenemos claro, o eso espero a estas alturas, que vivimos en una sociedad profundamente patriarcal, racista, especista y capitalista. Pero es que existe otra discriminación que no se corresponde con la clase social, el color de piel, la especie o el género, sino con la edad: el adultocentrismo.

Las personas adultas son el eje central de toda la sociedad, las que lo gobiernan y dirigen todo y sobre las que recaen el poder, la toma de decisiones, y son el modelo de referencia para el resto del mundo. Pero fuera de ese grupo existen otros muchos grupos de personas, como son las infancias, adolescencias, juventudes y personas mayores.

Para Duarte, este sistema de dominio se basa en tres componentes principales: el imaginario simbólico, que está ligado a la interpretación social de lo que consideramos el llamado ciclo vital, pero que es una construcción social; el componente material, que es como la sociedad parte de la premisa de que las niñas, niños y adolescentes son personas dependientes, que tienen que llegar a ser independientes y que es nuestro papel como adultas educarlas para que eso sea posible, pero el problema es cuando este proceso de preparación lo desarrollamos desde la vigilancia y no del acompañamiento; y el componente sexual y corporal, porque las personas adultas nos creemos no solo responsables, sino también dueñas de sus cuerpos. Y esto es peligrosísimo, además de aberrante.

Desde diferentes teorías sociológicas y antropológicas se afirma que las infancias y la juventud lo que hacen es prepararse durante su camino para la vida adulta, para integrarse en la sociedad, como si antes, de alguna manera, no formasen parte de ella. Pero es que lo que realmente es prepararse para esa vida adulta es entrar a formar parte del sistema capitalista y de producción, y además lo hacen sin haberles dejado tomar ni sus propias decisiones sobre prácticamente nada, y habiéndoles anulado en aspectos fundamentales de su existencia.

Y de nuevo, me pregunto: ¿cuándo nació el adultocentrismo? Diferentes estudios hablan de los primeros asentamientos humanos. Vamos, que el patriarcado, el especismo y el adultocentrismo nacieron en la misma época, fruto de la nueva estructura social que se daba a raíz del cambio en el modelo productivo y del establecimiento de nuevos roles sociales, y los llevamos arrastrando y soportando desde entonces.

Agotador. Pero me niego a conformarme. Aunque llevemos milenios con estas lacras sociales, me niego a conformarme. Y te vuelvo a repetir que sí, que los cambios sociales, y más cuando están tan absolutamente arraigados en nuestra sociedad, cuesta muchísimo trabajo modificarlos, pero se puede hacer, de hecho, lo estamos viendo. El veganismo ha avanzado a pasos agigantados en las últimas décadas, más exponencialmente en los últimos años, el feminismo, igual; desde el último siglo se han visto grandes logros en el avance del derecho de las mujeres. Por supuesto que aún queda muchísimo por hacer y debemos de seguir luchando, ya no por nosotras, sino por las futuras generaciones, porque no es solamente el mundo que queremos dejar a nuestras hijas e hijos, sino qué clase de personas queremos que sean esas hijas e hijos.

Y esto pasa por hacer que las infancias se sientan queridas, respetadas y escuchadas. Que las personas jóvenes vean que tienen cabida en la sociedad, más allá de la preparación para la producción como meta del capitalismo.

Que seamos conscientes como madres y padres que la vida de nuestra progenie no nos pertenece, que dejemos de proyectar sobre ellas nuestros fracasos o metas no conseguidas. Que las dejemos ser libres y seres independientes.

Te dejo un poema de Khalil Gibran, poeta, filósofo y artista libanés, que quizás ya conozcas y que resume muy bien todo esto, pero me parece tan maravilloso que quería dejarlo aquí plasmado:

Tus hijos no son tus hijos,
son hijos e hijas de la vida,
deseosa de sí misma.
No vienen de ti,
sino a través de ti,
y aunque estén contigo,
no te pertenecen.
Puedes darles tu amor,
pero no tus pensamientos,
pues ellos tienen sus propios pensamientos.
Puedes abrigar sus cuerpos,
pero no sus almas,
porque ellos
viven en la casa del mañana,
que no puedes visitar,
ni siquiera en sueños.
Puedes esforzarte en ser como ellos,
pero no procures hacerles semejantes a ti,
porque la vida no retrocede ni se detiene en el ayer.
Tú eres el arco del cual tus hijos,
como flechas vivas,
son lanzados.
Deja que la inclinación,
en tu mano de arquero,
sea para la felicidad.

Y ahora, volviendo un poco al principio de este capítulo sobre mi crianza, te voy a contar cómo lo he hecho yo, bueno, nosotras, porque en todo este camino mi marido y yo siempre hemos ido a la par y en contadas ocasiones no hemos estado de acuerdo sobre la manera de gestionar alguna situación en la crianza en particular.

Como te he dicho ya un par de veces, creo que tenemos demasiado ruido alrededor de nosotras durante la crianza, y eso no nos deja conectar de una manera correcta con nuestro instinto y con nuestras peques.

Y te voy a poner un ejemplo sencillo que espero te resulte esclarecedor. Hace unos cuantos años, a finales de la década de los 90, se hizo muy famoso, para mal, el llamado «método Estivill» para que las bebés durmiesen mejor en sus cunas. Si nunca has oído hablar de él, te lo resumo: dejar llorar a tu bebé en su cuna el tiempo necesario, aunque fuesen horas, para que se durmiese sin ti. Por suerte, la evidencia científica y numerosos estudios de diferentes asociaciones de pediatras y profesionales de la salud ya han demostrado el peligro de este método y las consecuencias que tienen para el desarrollo del cerebro de las bebés. Pero dejando a un lado esto... ¿No te parece alarmante que porque alguien te diga que tienes que dejar llorar a tu bebé hasta la extenuación, te parezca una buena idea? Me explico, estás prácticamente recién parida, e independientemente que tu bebé duerma contigo o en su cuna, ¿no te parece contranatura no ir a su lado en cuanto llora? Pues a esto me refiero con que no conectamos muchas veces con nuestro instinto debido a todo el ruido alrededor de la crianza.

Y tampoco, muchas veces, nos paramos a reflexionar sobre si la educación de nuestras madres y padres fue la mejor o si las cosas se pueden hacer de otra manera. Lo que te comentaba antes del «pues yo tampoco he salido tan mal», con cero autocrítica ni reflexión sobre ello.

Lo primero, eso de que «nos has salido tan mal» habría que verlo realmente. Después, aunque tú creas que no has salido tan mal, ¿realmente no crees que hay cosas que se pueden mejorar y no repetir patrones de conducta que no aportan nada positivo y que son mejorables?

Te voy a poner un ejemplo desde mi caso particular. Tuve una infancia muy bonita y una crianza tradicional pero con mucho amor, siempre me sentí muy querida y respetada en mi casa. Vamos, que cero trauma por nada, pero los castigos estaban a la orden del día, en especial de adolescente, porque lo de estudiar no me gustaba nada, para desesperación de mi madre y de mi padre, así que me tiraba semanas castigada en casa y fines de semana enteros sin poder salir con mis amigas. ¿Y dio resultado eso de castigarme por mis malas notas académicas? Pues, obviamente, no. Cuando decidí que quería estudiar lo empecé a hacer, pero no porque me hubiesen castigado, sino porque yo quería, y de repetir sin parar y suspender todo prácticamente, pasé a sacar buenas notas, ir a la universidad y estudiar dos másteres. No gracias a los castigos, más bien, a pesar de ellos.

Pero voy más allá y te voy a contar algo personal que solo sabe Pablo, porque nunca lo he contado públicamente. Ya te he dicho que lo de los castigos era bastante habitual, y eran fundamentalmente en la niñez por no querer comer, y de más mayor por no querer estudiar. Ya te he contado al principio de este libro mi mala relación con la comida desde que nací, y también, por desgracia, la mala gestión de mi madre y mi padre sobre ello, desde su absoluta desesperación y la falta de herramientas en aquella época.

Era de esas niñas que, si no comían al mediodía, tenía la comida de merienda, y si no de cena. He llegado a odiar las lentejas con toda mi alma hasta que fui adulta; ahora las adoro. Y, a pesar de todo ello, nunca he desarrollado un TCA ni tengo ningún trauma o problema con la alimentación. Pero a lo que voy, que me lío, que esto venía a colación de los castigos y su falta de efectividad.

Recuerdo regresar un día a casa del colegio, con unos 12 años, y mi madre me había impuesto un castigo, que por más que he intentado recordar, soy incapaz de acordarme por qué era el maldito castigo, pero vamos, que nada grave, seguro, con esa edad. Lo que sí recuerdo como si fuese ayer era el castigo en sí. Me estaba esperando en mi habitación para romperme mis adorados pósteres. Si eres *Gen X* como yo o *milenial*, te acordarás de las revistas como la *Super Pop*. Yo ya en esa época era amante del rock y del heavy y tenía la habitación llena de pósteres de Bon Jovi, Europe, Duran Duran, etc. Pues me los rompió todos, uno tras otro. Yo lloraba desconsolada y le suplicaba que no lo hiciese, pero fue implacable, porque se suponía que yo tenía que aprender la lección.

Y ciertamente, aprendí una gran lección: que los castigos no sirven absolutamente para nada. Porque al crecer jamás recordé la causa del castigo, pero sí el enorme dolor de la consecuencia desproporcionada.

Así que, cuando tuve hijas, tenía muy claro que no habría castigos, ni tampoco premios, que lo que habría sería diálogo, respeto y comprensión. Y ahora, con una hija de casi 13 y otra de 10, puedo decir que es maravilloso criar así.

Lo que sí hemos puesto algunas veces son consecuencias a sus actos o comportamientos, pero estas siempre supermedidas, porque, por desgracia, demasiadas veces existe una línea muy fina entre consecuencia y castigo. Y además, estas consecuencias son siempre consensuadas previamente por ambas partes, nosotras y ellas, además de explicadas y aceptadas. Pero, desde mi experiencia, lo que realmente cuenta es hablar las cosas, sentarse a explicar, acorde a cada edad, por qué no debemos de hacer o actuar de determinada manera, por qué algunos comportamientos no están bien, y explicarles las consecuencias de sus actos y cómo estos pueden afectar a las demás. Y dejar que ellas reflexionen sobre ello desde la libertad y la empatía. No estoy hablando de la «silla de pensar», que es otro invento del demonio y no sirve para nada.

Así que, como puedes ver, otra manera de criar también es posible, desde el respeto, la empatía, el acompañamiento y el amor, no desde el poder, que, como bien dice siempre la acertada Mafalda: «Yo soy tu hija y nos graduamos el mismo día». Así que los roles de poder y/o sumisión en este tipo de relaciones nunca deberían de tener cabida.

Y todo esto que he explicado no tiene absolutamente nada que ver con la ausencia de límites. Otra de las leyendas negras sobre este tipo de crianza es que no existen normas ni límites. Para nada; de hecho, es todo lo contrario. Son precisamente esas normas y esos límites tan marcados los que hacen que todo fluya mucho mejor y la conexión sea más fuerte.

Pero de esto te voy a hablar mucho más detenidamente en el siguiente capítulo, porque nuestra crianza, además de ser una crianza vegana, feminista, atea, sostenible, en positivo y sin adultocentrismo, también es una crianza neurodivergente y anticapacitista.

Vamos a dar otra vuelta más de tuerca a esta crianza contracorriente.

9 Neurodiversidad

Crianza y empoderamiento en
la diferencia. Despatologización
y desmitificación.

Este capítulo creo que puede ser el más complicado de escribir, porque afecta directamente a mi hija pequeña, Navia. Pero pienso que es también muy importante hablar de ello y visibilizarlo, debido a que todavía existe mucha desinformación y estigma en nuestra sociedad, por desgracia.

Para empezar, decir que somos una familia neurodivergente. Pablo, mi marido, es TDAH (Trastorno por Déficit de Atención e Hiperactividad) y AACC (Altas Capacidades). Navia es autista. Antía está pendiente de diagnóstico, pero tenemos serias sospechas de que puede ser como su padre, varios especialistas nos lo han comentado. Y yo tengo TOC. Un cuadro de familia.

Pero, sin duda, el diagnóstico que más nos ha marcado y desde el que existe un antes y un después fue el de autismo. Por todo lo que conlleva, que es mucho tanto a nivel personal como social, es sobre el que más voy a hablar.

Existe todavía, incluso desde el ámbito sanitario, una patologización del autismo muy grande que lo abarca todo, incluso la manera de nombrarlo: se utiliza el término Trastorno del Espectro Autista (TEA); en cambio, desde una visión despatologizante y desde el propio colectivo de personas autistas adultas, se pide que se emplee Condición del Espectro Autista (CEA). Precisamente porque el autismo es un amplio espectro que abarca infinidad de posibilidades.

El origen del autismo sigue sin estar muy claro, se habla de factores genéticos, pero también ambientales. Lo que sí, por favor, y esto está tremendamente ya demostrado, las vacunas no causan autismo; de verdad, me desespera este tema. Y también el de las supuestas curas; el autismo no es una enfermedad, por lo tanto, no hay nada que curar.

El autismo es una condición del neurodesarrollo, con algunos factores en común, como dificultades en comunicación o interacción social, falta de flexibilidad en el comportamiento y pensamiento, alteración del perfil sensorial, etc. Pero, como decía, es un espectro, y dentro de él podemos encontrar infinidad de posibilidades, teniendo en cuenta que cada persona es diferente y no existen dos personas autistas iguales.

Además, hay otro factor a tener en cuenta que es también determinante en el diagnóstico de autismo: el sesgo de género. ¿Sorprendida? Supongo que no después de conocer la sociedad patriarcal en la que vivimos y el sesgo de género que existe, en general, a nivel de salud y de investigación en enfermedades, tratamientos, vacunas, etc.

Hasta hace no muchos años, se pensaba que el autismo era mucho más habitual en niños que en niñas, porque, efectivamente, se diagnosticaba mucho más en niños varones. Por suerte, cada vez la cifra se va equiparando más, porque en el caso de las niñas y mujeres autistas, lo que existía realmente era un infradiagnóstico, también potenciado por la socialización que tenemos desde peques dentro de este sistema patriarcal, por lo que ellas acostumbran a saber enmascarar mucho mejor sus emociones desde pequeñas. Muy triste todo.

Por eso, cuando decidimos realizar un diagnóstico a Navia, fuimos a un centro no solo especializado en autismo, sino también en ese sesgo de género tan determinante en tantos malos diagnósticos.

Pero empecemos desde el principio, por cómo y por qué nos decidimos a hacerle un diagnóstico de autismo a Navia con 6 años.

Navia, como ya sabes, es mi hija pequeña, nació después de un aborto espontáneo que tuve de 6 semanas, cuando Antía tenía justo un añito. Se lleva con su hermana Antía dos años y medio exactamente.

A diferencia del embarazo de Antía, que fue perfecto y estuve trabajando hasta prácticamente el final, con Navia el embarazo fue muy complicado y desde la semana 20 tuve que estar de baja y en reposo por un alto riesgo de parto prematuro. Ni que decir tiene que, con tan solo esas semanas, el nacimiento no hubiese sido compatible con la vida.

Así que reposo, medicación y revisiones periódicas para ver cómo iba creciendo. Lo recuerdo como un infierno, en especial, la angustia de ver pasar las semanas e ir sumando ese pequeño aumento de peso que a medida que subía la iba agarrando más a la vida. Fueron unas semanas muy duras. Además, Pablo trabajada prácticamente doce horas al día, y yo estaba también con Antía, que era una niña muy pequeña que me necesitaba para todo. Además, sola y sin red familiar. Muy duro.

Cuando llegué al séptimo mes fue una enorme tranquilidad, porque aunque seguía muy baja de peso, era cada vez más seguro y compatible con la vida un posible parto prematuro. Pero, contra todo pronóstico, llegamos a la semana 38, y ahí ya no pudimos esperar más porque, además, desde la semana 36 no se alimentaba correctamente a través de la placenta, así que hubo que provocar el parto.

A pesar de ello, fue todo perfecto, seis horas pujando perfectamente y sin ningún problema. Solo recuerdo preguntarle todo el rato a mi ginecólogo si iba a ir a la incubadora, porque sabíamos que venía muy pequeñita y baja de peso. Su respuesta siempre era: «En cuanto la vea, te lo digo». Y así fue, salió, la vio, me la puso encima y me dijo: «Es muy pequeña, pero está perfecta y se queda con su mamá». Y sí, era minúscula, todos los bodis le quedaban enormes, pero estaba perfectamente sana.

Y fue creciendo, como cualquier otra niña, sana y feliz, con sus tiempos. Por ejemplo, con 3 años estuvo un año acudiendo a una logopeda en el colegio Montessori, porque no hablaba bien, pero nunca nadie nos comentó nada más allá de eso, ni sus profesoras ni su pediatra ni nadie.

Y sí, por supuesto que ahora con toda la información y experiencia que tenemos en este tema detectamos comportamientos que no eran tan «normales» como nosotras pensábamos en ese momento, porque «cada peque tiene su desarrollo», pero claro, era imposible haberlo detectado sin ese bagaje que tenemos ahora.

Así que Navia llegó a 1º de primaria sin mayores problemas. Pero de repente, todo empezó a ser tremendamente complicado.

Al principio, lo achacamos al gran cambio de vida que habíamos hecho; cambio de Madrid al pueblo, cambio de colegio (además en plena pandemia), cambio de ciclo de infantil a primaria... Eran demasiados cambios y circunstancias muy difíciles.

Las dos primeras semanas de clase fueron muy complicadas, Navia llegaba a casa llorando, diciendo que no era capaz de hacer amigas y que estaba siempre sola en los recreos. Fuimos a hablar con la tutora y no nos hizo caso, nos dijo que eso era normal por las mascarillas. Sobre el colegio hablaré más detenidamente después, porque se merece una mención especial, valga la ironía.

En medio de ese caos, crearon una clase nueva por el tema de ratios y protocolos en pandemia, y volvieron a cambiar a Navia a otra clase nueva con una nueva profesora, así que lo poquito que habíamos avanzado, otra vez lo retrocedíamos. Por suerte, esta profesora era mucho más empática y vocacional que la anterior, y se volcó mucho más con Navia en ayudarla a socializar.

Pero aun así, veíamos que la cosa no fluía bien, que en casa tenía unas «rabietas» extremadamente fuertes para tener ya 6 años. También tenía unas «manías» bastante llamativas, como la necesidad de, por ejemplo, tener que usar un solo determinado color en toda su vajilla, y si no era así, colapsaba. Así que empezamos a plantearnos si realmente estaría pasando algo más que no sabíamos. Hablamos con un par de amigas autistas y nos preguntaron si habíamos barajado que fuese autista. Nuestra respuesta fue que en absoluto, que era imposible que lo fuese. Una vez más, el estigma y la desinformación saliendo a flote.

Pero estas mismas amigas nos animaron a hacer un diagnóstico «para descartar» (pillinas), y también nos hablaron del sesgo de género, así que pedimos cita y comenzamos el proceso de diagnóstico. Fuimos a un centro en Madrid, y tras varias pruebas y entrevistas, nos lo confirmaron: Navia era autista de grado 1.

Antes de comenzar a explicarte todo el proceso tras el diagnóstico, porque fue complejo y largo, en especial a nivel educativo y en su antiguo colegio, quiero explicarte, por si no lo sabes, qué es eso de los grados en el autismo y la controversia que también existe, por desgracia, dentro del propio movimiento. Como ya te comenté antes, no solo existe controversia con el propio nombre, si TEA o CEA, o si decir persona autista o persona con autismo; los desacuerdos y los debates abarcan muchos aspectos. Y yo, de nuevo, tengo mi propia visión, que, por no variar, no va en la misma línea que la gran mayoría en este ámbito.

Lo primero, y más importante, es escuchar y aprender de la propia comunidad de personas adultas autistas. Tienen voz, y me parece lamentable que incluso desde el ámbito sanitario se trate de invalidar sus experiencias y se hable por ellas.

El autismo es un amplio espectro, y por ello se divide o diferencia en grados según las necesidades de apoyo de las propias personas autistas. Entiendo perfectamente que una persona autista de grado 3 necesita una serie de apoyos y un nivel de dependencia muchísimo más alto que el de mi hija, pero eso no debería jamás invalidar sus necesidades de apoyo y todos los problemas y dificultades que tiene en su día a día en esta sociedad, agravados por toda la presión existente en esta sociedad capitalista, ultraproductiva y tan capacitista, en la cual, como «no se le nota» se le exige lo mismo que a otra persona neurotípica. Ello destroza a las personas autistas y neurodivergentes.

Sí, mi hija es autista de grado 1. Y digo es autista porque es algo identitario, no es un resfriado, o algo pasajero; forma parte de ella. Es más, ella es como es precisamente por su autismo, forma parte de su identidad. Aunque también entiendo que a otras personas no les guste definirse así y decidan decir que tienen autismo o que son personas con autismo, mi hija, en cambio, está muy orgullosa de ser autista y de definirse como una persona autista. Pero, lo más importante, de nuevo, es escuchar

186

a las personas y permitir que ellas se definan como quieran. No sabría decir la de veces que se me ha «corregido» desde el ámbito sanitario por referirme a mi hija como autista en vez de con autismo. En fin, una pena.

Por otro lado, existen todavía muchas personas que siguen diciendo que son Asperger, en lugar de autistas (de grado 1), pero esta terminología hace ya muchos años que no se contempla ni en el DSM-5 (*Manual Diagnóstico y Estadístico de Trastornos Mentales, 5ª edición*), que se supone es la obra más completa y actualizada de la práctica clínica. Además, por si esto no fuese suficiente, el pediatra Asperger era un médico nazi, que experimentó verdaderas atrocidades en peques autistas en los campos de concentración. Y aún hay más: robó el trabajo de la doctora Sukhareva, psiquiatra infantil soviética pionera en estudios de autismo, que ya veinte años antes había hecho estudios y publicado en revistas científicas los rasgos del autismo de grado 1. Por lo tanto, este término, Asperger, debería de estar totalmente denostado, pero, precisamente, por toda la estigmatización que existe en cuanto al espectro autista, hay personas que prefieren encasillarse o definirse de otra manera. Desde mi punto de vista es un error, por eso lucho también contra ese estigma y desinformación que existe alrededor de las personas autistas.

Hay una fuerte patologización del autismo, incluso hasta el punto de que pseudogurús ofrezcan curas. Es espeluznante, porque el autismo, insisto, no es una enfermedad, y, por lo tanto, no hay nada que curar. Tener una visión tan negativa y estigmatizada del autismo me parece algo absolutamente aberrante. Porque mi hija no está enferma, la que realmente lo está es esta sociedad, que no tiene cabida para la diferencia, que solo basa la valía de las personas en su capacidad de producción y donde este sistema despiadado arrasa con todo, incluidas las millones de personas que no encajan en su modelo.

Por lo tanto, en cuanto te sales de ese molde, en cuanto entiendes el mundo de manera diferente, se te señala, se te acusa, porque la culpa es tuya porque no te adaptas. El problema es que adaptarse a una sociedad enferma nos hace peores.

Y esto lo vemos desde el propio sistema educativo, algo que me parece sangrante. En cuanto recibimos el diagnóstico, fuimos a su colegio a mostrarlo y que diesen a Navia las herramientas o los apoyos que ella necesitaba. Fue un suplicio. Durante año y medio a mi hija se le negó el diagnóstico, porque ella no tenía «ningún problema con las clases». Nos reunimos varias veces con el equipo directivo y con el orientador del propio colegio, que se suponía que era además psicólogo clínico, pero nada, imposible, con el diagnóstico en la mano nos lo seguían negando. Es más, y para que veas que es vital que demos siempre con profesionales de la salud actualizadas, y no solo en lo referente a la alimentación vegetal, ese psicólogo llegó a decirme en una reunión que Navia no era autista y que, si lo fuese, era tan poco autista que él había visto casos de niñas y niños que se les había pasado el autismo de adolescentes. ¿Cómo te quedas? Que esto suceda en un centro educativo en pleno siglo XXI es gravísimo. Y te da una idea de todo lo que todavía queda por avanzar en lo relacionado a salud mental en general y al autismo en particular.

Al final, y cuando ya la situación era insostenible porque el sufrimiento de mi hija era cada vez mayor, y después de muchas reuniones y muchos disgustos, conseguimos que el colegio aceptase su diagnóstico de autismo, y aunque tarde, puso los recursos necesarios, como una profesora de apoyo y de referencia para acompañar a Navia a nivel emocional o en lo que ella necesitase. Pero, por desgracia, el colegio y este sistema educativo tan carente de tantas cosas llegan hasta donde llegan, y cuando la tutora no sabe, ni quiere, manejar determinadas situaciones y su método educativo y pedagógico son más del siglo pasado, pues todo se hace mucho más difícil.

Y esto no solo pasa en ámbitos rurales, sino también en colegios urbanos, porque esta problemática es algo sistémico.

Al final, cambiamos a Navia de colegio, y fue la mejor decisión que podíamos haber tomado. De hecho, porque no conocíamos la existencia de este pequeño colegio rural cuando vinimos a vivir aquí, de lo contrario mis hijas jamás hubiesen pasado por ese otro colegio y nos hubiésemos ahorrado muchísimos disgustos, y no solo Navia. Qué importantes son los centros educativos que respetan la diversidad y fomentan la inclusión desde el respeto y la empatía.

Por el contrario, en nuestra casa y nuestra familia, el diagnóstico de Navia no fue nada traumático. No te voy a negar que cuando me lo dieron no solté la lagrimita, pero no por ella ni por pena, sino por no haberlo sabido detectar antes, ya sabes, esa culpabilidad con la que vivimos en esta sociedad que nos machaca por todo si eres mujer y madre y, en especial, porque era plenamente consciente de que mi hija, por desgracia, tendría una vida más complicada que otras muchas personas. Por suerte, cuando llegó este diagnóstico yo ya estaba muy deconstruida en capacitismo, y aunque no tenía ni de lejos tanta información como ahora sobre el autismo, sí sabía ya cómo funciona esta sociedad, cómo estigmatiza y pone mil trabas a todo lo que se salga de esa norma absurda y tóxica que no respeta la diversidad.

Se habla mucho del duelo al recibir el diagnóstico. En mi caso yo no lo llamaría así, porque no transité esas etapas del típico duelo y porque, repito, no fue algo traumático ni que marcase un antes y un después en nuestra familia de una manera determinante. Sí que transitamos ese periodo, pero no tanto de duelo sino como de aceptación y asimilación, pero nunca hubo un drama absoluto y ni un no saber por dónde tirar.

Porque nosotras siempre hemos educado a nuestras hijas en la inclusión, en la diversidad y en el empoderamiento de la diferencia desde que nacieron, mucho antes de diagnósticos ni de sospechas de ningún tipo.

Y en este camino entiendo perfectamente la necesidad de muchas madres de sentirse apoyadas, de pertenecer a un colectivo que las represente, como el de «madres azules», de utilizar símbolos que las engloben, como el color azul y la pieza del puzle (ambos absolutamente rechazados por la propia comunidad autista precisamente por toda la carga negativa de esos símbolos), y de la necesidad de que sus peques encajen en esta sociedad, pasando incluso por terapias atroces llenas de sufrimiento. Es, por desgracia, algo «lógico», y más cuando la mayoría de ellas nunca habían escuchado la palabra «inclusión» hasta que les tocó a ellas.

Pero no es nuestro caso. Jamás hemos querido que nuestras hijas encajen en una sociedad enferma, una sociedad machista, patriarcal, racista, homófoba, clasista, capacitista, especista y un largo etcétera. ¿Encajar ahí? No, gracias. Nuestra lucha nunca ha sido ni será pulir a nuestras hijas para que pasen lo más desapercibidas posibles. Nuestra lucha es para cambiar todo lo malo que hay en esta sociedad. Y educamos a nuestras hijas como motor de cambio.

Porque es muy hipócrita estar con una mano pidiendo la inclusión de mi peque autista y con la otra votando a partidos que cortan libertades de personas de colectivos desfavorecidos.

Porque la inclusión es para todas las personas, y esa sí es nuestra lucha, contra todo tipo de opresión.

Ojalá todo el mundo educase a sus hijas en la diversidad real, en la inclusión real, en el respeto y en el empoderamiento de la diferencia.

Es más, cuando la psicóloga nos dio el diagnóstico de Navia, le preguntamos cuándo y cómo sería el mejor momento para decírselo a nuestras hijas. Su respuesta fue que primero había que empezar a explicarles lo que era la diferencia.

Pablo y yo nos miramos, sonreímos y le dijimos que esos conceptos las dos los conocían perfectamente y que los manejábamos desde que tenían uso de razón. Se quedó bastante sorprendida y nos dijo que entonces adelante, que se lo dijésemos cuanto antes.

Pero es más, en los dos embarazos no quisimos hacer la prueba de diagnóstico del síndrome de Down, las dos pensamos que para qué, si hay otras mil cosas que no se detectan en un embarazo y pueden pasar..., como al final así ha sido.

Antía y Navia siempre han sido criadas en el empoderamiento de la diferencia y en la inclusión. Eso nos ha facilitado muchísimo las cosas a la hora de poder continuar con nuestro modelo educacional, incluso con el autismo de Navia. De hecho, lo primero que hicimos al recibir el diagnóstico fue buscar una asociación cerca de nuestra zona que cumpliese con nuestro modelo educativo, porque teníamos cristalino que nuestra hija no haría terapia para cambiar nada, sino para que ella tuviese a su alcance el mayor número de herramientas posibles para poder gestionar las situaciones que tiene que afrontar en una sociedad tan hostil. Por suerte, la encontramos, y es maravilloso ver el acompañamiento, el desarrollo y el empoderamiento que tiene Navia en estos cuatro años que lleva ya de terapia.

Y ahora te quiero hablar de lo que significa ser autista de grado 1, de las complicaciones diarias, de los retos continuos y de toda la invisibilización que existe sobre ello en nuestra sociedad en general y en el propio movimiento autista en particular.

Al autismo de grado 1 también se le conoce como autismo de «alto funcionamiento», algo que sigue estigmatizando mucho, porque tiene ya una carga y una connotación que denotan que a esa persona ya se le están exigiendo una serie de funciones para las que, quizás, no esté ni preparada o no pueda afrontarlas. Pero las frases «es muy poco autista» o el «apenas se le nota» están a la orden del día, y esto lo que esconde es que esa persona tiene que poder seguir el ritmo de la sociedad, aunque para ello su salud mental quede hecha añicos.

Y entiendo que muchas veces esas frases se dicen con la mejor intención, como si fuese una especie de cumplido que no «se le notase», precisamente por toda la carga negativa y estigmatizante que tiene el autismo, pero lo que está haciendo es todo lo contrario, seguir invisibilizando las verdaderas necesidades, retos y problemáticas a las que se enfrenta diariamente toda persona autista en esta sociedad.

Y te voy a poner un ejemplo. Ya te comenté antes que el autismo es un espectro y que no existen dos personas autistas iguales. Por supuesto que hay unas características comunes que se dan en la mayoría de personas autistas, como la rigidez mental, la hipersensibilidad auditiva, táctil, visual, olfativa, etc., la dificultad para entablar relaciones sociales, la literalidad…, pero eso no quiere decir que todas las personas autistas cumplan con todas ellas. En el caso de Navia, por ejemplo, es una niña muy sociable que hace amigas con mucha facilidad. Es más, tiende a ser la líder de su grupo de amigas, y esto llama mucho la atención, pero tiene una explicación. Precisamente por su rigidez mental ella prefiere dirigir el juego y marcar las normas, es decir, que se juegue a su manera y como ella decide, y siendo ella la líder es más fácil que el juego cumpla con sus esquemas mentales.

También es una niña que puede asistir a manifestaciones llenas de gente, o a parques de atracciones, o a conciertos, incluso participar en competiciones deportivas o actuar ante centenares de personas sin ningún tipo de problema… Aparentemente. Y este es el quiz de la cuestión.

¿Y por qué digo «aparentemente»? Porque por supuesto que es capaz de hacer y disfrutar de todas esas actividades, pero para ella, todo ello tiene un coste emocional muy grande, y eso es lo que no se ve. Toda la ansiedad, o la desregulación, incluso las crisis que sufre después, o antes, de haber podido hacer todas esas cosas o actividades es el precio que ella paga por el simple hecho de poder hacerlas. Y esto es lo que no se ve.

Por eso es tan injusto que a las personas autistas de grado 1 les exijamos unos estándares sociales y laborales iguales que a personas neurotípicas. Porque el sobreesfuerzo y el coste humano que tienen que alcanzar para cumplirlos les merma muchísimo y el precio que tienen que pagar por ello es altísimo. Muchas, de hecho, con su propia vida, porque no lo pueden soportar.

Y me da muchísima pena que incluso desde el propio colectivo autista, muchas madres, familias o profesionales menosprecien a las personas autistas de grado 1, negando realidades, necesidades e incluso apoyos.

Por eso, desde el minuto uno del diagnóstico, lo que hacemos es acompañar a Navia en su proceso, facilitándole todas las herramientas posibles para su autoconocimiento y empoderamiento en su condición de persona autista. Y para ello asiste a terapia una vez a la semana y cada día en casa facilitamos que para ella nuestro hogar sea su espacio seguro, donde puede ser ella misma siempre, donde no tenga que disimular ni hacer *masking*, ni tratar de ser alguien que no es.

En este punto quiero dejar claro que el sistema también falla, porque el acceso a las terapias o a un diagnóstico depende, en gran medida, de la capacidad económica de la familia, y esto limita y lastra muchísimo la calidad de vida de las personas dependientes o que necesitan terapia para poder tener una mejor calidad de vida. Necesitamos muchos más recursos para que las personas con discapacidad o dependencia tengan calidad de vida. Y esto, de nuevo, es algo político.

Otro estigma que se relaciona con las personas autistas es su supuesta falta de empatía, y es otro mito que no tiene ninguna base. Te cuento, por ejemplo, el caso de Navia, con su relación con el resto de animales no humanos y su veganismo.

Ella, desde muy peque, no ha soportado nunca ningún tipo de activismo donde hubiese algún tipo de maltrato animal, por ejemplo, solo fue una vez a una vigilia y se mantuvo todo el tiempo distante físicamente. Pero es más, en casa no podemos hablar de casos concretos de maltrato o de situaciones donde los animales sufran, no lo soporta. Porque las personas autistas tienen dificultades en la teoría de la mente, pero eso no significa que no sean capaces de empatizar o que no les importen los sentimientos de las demás.

No es que no sean empáticas, es simplemente que les cuesta pensar lo que la otra persona puede pensar. Las personas no autistas tenemos más fácil el suponer emociones, necesidades y sentimientos que ellas, pero pueden empatizar perfectamente.

Lo mismo sucede con su manera de demostrar afecto o amor. En su caso odia los besos, no se los puedes dar, y a ella le cuesta mucho darlos, solo lo hace en momentos muy puntuales, pero claro que muestra su amor, por ejemplo, abrazándote o acariciándote o incluso haciendo dibujos.

Después de este capítulo espero, de corazón, que tu visión sobre el autismo en particular y sobre la neurodivergencia en general hayan cambiado, porque es primordial seguir avanzando hacia una sociedad más inclusiva, más empática y más respetuosa con la diferencia.

Yo, desde luego, lo tengo claro. No quiero normalidad, quiero un mundo lleno de locas, un mundo lleno de diferentes colores, de diferentes matices, quiero un mundo real, libre, sin miedo, quiero un mundo donde nadie sea normal porque realmente todas seamos diferentes, quiero un mundo donde no se señale a nadie y todas seamos respetadas por igual.

Ojalá algún día tengamos ese mundo.

10 Diversidad sexual

Rompiendo la heteronorma.

Otro melonazo, ¿verdad? Aunque realmente no tendría por qué serlo, porque lo normal en cualquier sociedad debería ser la aceptación de la diversidad sexual inherente al ser humano. Pero no…

Partimos de la base de que las personas son heterosexuales y además CIS (personas cuya identidad de género y sexo asignado coinciden al nacer, es decir, que no son personas trans) y claro, partiendo de esta premisa, dando por supuesto cosas y negando realidades, pues ya empezamos mal, muy mal.

Y, en nuestra casa, de nuevo y en base a esa crianza «contracorriente», pues nunca hemos supuesto nada en lo referente a la sexualidad y orientación de nuestras hijas.

Siempre hemos hablado abiertamente de la diversidad sexual, de la heterosexualidad y homosexualidad, y nuestras hijas, desde pequeñas, han convivido con diferentes realidades y han tratado, desde la más absoluta normalidad, a personas gays, bi, trans, no binarias, etc.

Es que imagínate por un momento la cantidad de traumas, disgustos, depresiones y finales fatídicos que se podrían evitar si todas las personas educáramos en la tolerancia, el respeto y la diversidad sexual. Me produce mucho dolor ver infancias rotas por la falta de apoyo o incluso por el odio que todavía existe en tantas familias.

Me parece demencial que desde partidos políticos de la derecha se trate de menospreciar la fiesta del orgullo, por ejemplo, diciendo que no existe un día del orgullo hetero, o invisibilizando sus símbolos, como ha sucedido este mismo año en la cartelería del orgullo de Madrid. Es absolutamente ridículo, pero qué vamos a esperar de partidos políticos que también dicen que para cuándo el día del hombre.

Y seguir explicando la necesidad de la visibilización y lucha del 8M con las cifras de violencia de género sobre la mesa, o la necesidad de la reivindicación y lucha de la comunidad LGTBIQ+, cuando los delitos de odio hacia este colectivo se han incrementado exponencialmente, precisamente debido a esos discursos de odio que campan cada vez más a sus anchas en esta sociedad, me parece grotesco, y me causa mucha frustración. De hecho, en España, y según datos del Ministerio del Interior, los delitos contra la orientación sexual y la identidad de género han aumentado casi un 70% en los últimos años.

Pero no hablamos «solo» de delitos de odio. Es que los datos son escalofriantes. Actualmente en más de 60 países del mundo la homosexualidad se considera delito y está penada con penas que van desde la prisión a penas de muerte. De hecho, 62 estados miembros de la ONU tienen en la actualidad leyes vigentes que condenan la homosexualidad. Es más, dentro de la propia UE hay países, como Italia, donde el matrimonio homosexual es todavía ilegal. Increíble.

Así que tú me dirás si con estos datos no sigue siendo del todo necesario seguir luchando y visibilizando la realidad del colectivo LGTBIQ+.

Sé que hay familias en las que su crianza sin ningún estereotipo de género va mucho más allá, desde nombres neutros sin género hasta ningún tipo de ropa o complemento relacionado con algún género. Personalmente me parece fantástico, aunque he de reconocer que yo no lo he hecho.

Mis hijas tienen nombres de diosas celtas, yo soy gallega y con fuertes raíces celtas así que, aunque nacieron en Madrid quería que tuvieran algo de mi tierra, y desde pequeñas sí que han tenido vestidos y ropa «de niña», aunque he de decir que también han tenido mucha ropa unisex.

Es más, tengo que confesar que he sido una de esas madres que perforó las orejas de sus hijas al nacer. Lo sé, el horror más absoluto (yo, dramática), pero te lo estoy contando precisamente para que veas que todas podemos cambiar y evolucionar; yo hace ya años que por nada del mundo lo hubiese hecho, pero hace doce y diez años no tenía ni la información ni la deconstrucción que he tenido posteriormente. Así que, por favor, dejemos de martirizarnos por nuestros errores, porque, vuelvo a repetir, lo hicimos lo mejor que supimos con la información que teníamos. Al fin y al cabo, lo realmente importante es evolucionar, reflexionar y romper esos patrones y hábitos que nos asfixian muchas veces.

Pero a pesar de haber cometido esos errores, siempre he criado a mis hijas con total libertad sexual y de género. Navia, por ejemplo, desde muy pequeña se quiso quitar los pendientes porque no le gustaban, y jamás los usa, y a Antía siempre le han chiflado y tiene decenas de ellos.

También son perfectamente conscientes de toda la presión estética y de cómo la ropa y la moda es absolutamente diferente si eres niña o niño. De hecho, saben lo que es la hipersexualización y que hay determinada ropa que nunca les compraría, como bikinis con relleno, tops, zapatos con tacón, etc. Y conocen la explicación; de esto ya he hablado en un capítulo anterior.

Pero me gustaría incidir en ello y reflexionar sobre la gran brecha de género existente en la ropa y en todo lo que concierne a «cosas de niñas» y «cosas de niños». Es más, lo tan de moda ahora y demencial como con los *gender reveal*, que no puede exponer mejor el triunfo del capitalismo, una vez más, y los estereotipos de género más rancios en esta sociedad. De nuevo, este fenómeno se ha extendido en mayor medida debido a las redes sociales y los vídeos demenciales que vemos sobre este tipo de fiestas de revelación de género, la mayoría de ellos provenientes de Estados Unidos, para sorpresa de nadie.

Además, en las últimas décadas todo se ha acentuado mucho más, si bien siempre el rosa y el azul han sido un clásico en la asignación de géneros, ahora ya no solo se quedan en los colores, sino que va mucho más allá, desde el corte de la ropa hasta los estampados de dibujos en las camisetas. No deberíamos aceptar como algo «normal» que un vaquero para una niña de 3 años tenga un corte diferente, más ajustado, que el de un niño. Ni que las camisetas de superhéroes sean para ellos con, por supuesto, también cortes diferentes, y las de princesas, y más entalladas, para ellas. Es que es absolutamente demencial y me dan ganas de vomitar. Perdona mi vehemencia, pero es que me pongo mala con todo esto.

Así que tratar de educar con toda esa presión estética y de género no es nada fácil, pero de nuevo en nuestra casa, lo vamos consiguiendo, como siempre sin obligar a nada, pero sí explicando y analizando el porqué de nuestras decisiones.

Y justo por criar así desde el principio, aun siendo, a priori, una pareja heterosexual, casada, con hijas y monógama, mis hijas nunca han entendido que lo «normal» era lo nuestro, sino que nuestra situación era solamente una de tantas formas de familia.

Y, por esto mismo, cuando hace un año Pablo descubrió que no era heterosexual, sino bisexual, gracias a toda la terapia que hizo de autoconocimiento tras su diagnóstico de TDAH y AACC, el comunicárselo a nuestras hijas fue algo como supernormal, lo entendieron perfectamente y no le dieron mayor importancia.

Porque educamos para que ni mis hijas ni absolutamente nadie tenga que esconderse dentro de ningún armario. Para que cada persona pueda ser realmente libre.

Porque quiero un mundo lleno de colores, de banderas y de libertades, pero de las de verdad, de las que no te apalean por tan solo existir. Un mundo donde los derechos, la diversidad, el respeto y la inclusión no se jueguen en una ruleta rusa cada cuatro años.

Ojalá llegue el día en el que no tengamos que salir e inundar las calles para luchar por los derechos fundamentales de nadie. Ojalá un mundo sin odio.

Me recuerda un poco a lo mismo que nos pasó cuando nos dieron el diagnóstico de autismo de Navia, que no hubo mayores problemas porque ya nuestra crianza era inclusiva y anticapacitista. Pues esto es lo mismo, al criar ya con esa libertad sexual, la bisexualidad de su padre ha sido como algo normal, sin ningún drama.

Cuando Pablo se lo comunicó, les dijo que tenían total libertad para preguntar lo que fuese que él les contestaría. Y su única pregunta fue si eso iba a cambiar en algo nuestra relación como pareja. Era lo único que realmente les preocupaba. Les explicamos que en absoluto, que nuestra relación y nuestra familia seguirían exactamente igual, y que esta nueva circunstancia no iba a afectar a eso para nada, así que lo entendieron y lo han normalizado sin más.

Y hemos continuado con nuestra vida sabiendo que papá es bisexual, y que ahora, cuando vemos una serie, a las tres nos puede gustar el protagonista chico. Hablo de Antía, Pablo y de mí, porque Navia, de momento, pasa mucho de esas cosas.

Pero me gustaría ahondar más en la bisexualidad y en todos los mitos y estigmas que existen sobre ella. Y voy a comenzar, lógicamente, por Pablo (con su permiso, por supuesto).

Siempre tuve claro que Pablo no era el típico hombre con masculinidad tóxica y cero deconstruido, si no, es evidente, nunca podríamos haber estado juntas ni llevar veinte maravillosos años siendo pareja.

Es más, a Pablo, incluso desde cierto sector del movimiento vegano, siempre se le ha atacado con que si era un «calzonazos» un «pagafantas», un «planchabragas» y demás lindezas machistas y misóginas, porque, por desgracia, no debemos olvidar que dentro del propio movimiento vegano existe un sector que es tremendamente machista, racista y supremacista.

Pero Pablo es realmente uno de esos hombres que este mundo necesita. Representa esa masculinidad sana, auténtica, que sabe que llorar y pedir perdón le dignifican como ser humano.

Pablo no necesita insultar ni humillar a nadie, está muy por encima de eso porque no necesita demostrar nada a nadie, solo a sí mismo. Sabe que su masculinidad no se mide por los gritos que dé, ni por los golpes que dé, ni por las fanfarronadas que cuente.

Ojalá hubiese en el mundo más hombres de verdad como Pablo, y menos machirulos falocéntricos.

Así que, teniendo en cuenta toda esta información y estas premisas, supongo que cuando me contó que había descubierto que era bisexual no me sorprendí lo más mínimo y me pareció fantástico.

Por desgracia, la bisexualidad es algo que está todavía muy estigmatizado, incluso desde un sector del propio colectivo LGTBIQ+ (en todos los movimientos cuecen habas, por desgracia).

Y si ya la bisexualidad en chicas está estigmatizada y además con el agravante de una hipersexualización y cosificación «gracias» a toda la industria del porno y todo el daño que está creando en las nuevas generaciones, la bisexualidad en chicos es prácticamente un tema tabú, porque enseguida los encasillan en que son realmente gays y no lo quieren reconocer. Una pena todo, porque nada más lejos de la realidad. Incluso según diferentes estudios psicológicos en hombres bisexuales se llega a la conclusión de que existen varias formas de ser un hombre bisexual, desde ser «mayoritariamente gay» a ser «mayoritariamente heterosexual», pasando por sentirse «igualmente atraído por hombres y mujeres».

De hecho, los hombres bisexuales son los menos visibles de todo el colectivo, según una macroencuesta de la Unión Europea de 2020. Un 45% nunca se muestra tal y como es, un porcentaje que desciende hasta el 30% en mujeres bisexuales y al 12% en el caso de gays y lesbianas. Aun así, parece que las nuevas generaciones están haciendo cambiar esto. De hecho, en los últimos informes de Ipsos Mori (una empresa de investigación de mercados con sede en Londres), el porcentaje de personas que se declaran bisexuales en las nuevas generaciones asciende al 48%.

Así que el hecho de que Pablo saliese sin problema del armario y lo dijese abiertamente y sin tapujos me hace quererle todavía más y enamorarme aún más de él, si cabe, por su enorme valentía y seguridad en sí mismo. De hecho, en nuestro círculo de amistades, todas las chicas son bisexuales, de los chicos él es el único, y yo la única chica que no lo es, para mi desgracia, ya que como algún día me separe de Pablo lo llevo crudo para encontrar a un hombre deconstruido y sin esa masculinidad tóxica. Si fuera bi lo tendría mucho más fácil, pero soy muy hetero, para mi desgracia.

Es que me parece primordial en esta sociedad que las personas puedan ser libres para ser lo que realmente son o quieran ser, para poder vivir su vida plenamente, sin mentiras, sin juicios, sin mordazas y sin daños. Sé que es muy difícil y que lo que parece que se nos viene encima está lejos de esa libertad, de esa vida plena y sin escondites, pero debemos seguir luchando por ello.

Y se lucha también criando en el respeto, en la libertad y en la diversidad, porque la realidad también se impone. Por ejemplo, en España, el número de personas que se declaran abiertamente bisexuales no para de crecer, en especial entre las personas jóvenes. De hecho, España es el segundo país del mundo con mayor población LGTBIQ+, por detrás de Brasil, según un estudio realizado por Ipsos Mori, en el que dice que el 14% de la población en nuestro país se enmarca dentro de ese colectivo.

Es vital también poder tener referentes, no transitar estas realidades solas y desde la oscuridad más absoluta, y por eso las redes de apoyo son determinantes.

11 Todo es política

«Tú puedes no ocuparte de la política, pero la política se ocupará de ti». Pericles.

Y llegamos al último capítulo de este libro como no podía ser de otra manera. Si has llegado hasta aquí, ya habrás descubierto que, desde mi perspectiva y desde la realidad que vivimos, todo es política, nuestras decisiones y nuestros actos, también. Y es vital que este mensaje se interiorice, porque en la actualidad existe una total desconexión con esto, y es muy peligroso; de hecho, lo estamos viendo ahora mismo en el panorama político, tanto nacional como internacional.

Puedo llegar a entender la desilusión de muchas personas con todo el panorama político. Eso es precisamente lo que quiere la extrema derecha, se trata de una estrategia, hacerte creer que todo está corrupto, inventarse unos problemas que no son reales ni globales, como los de la ocupación, y martillear con esos mensajes y esas *fake news*, y esa hoja de ruta que tienen perfectamente estudiada (no solo en España) la extrema derecha y el fascismo. Poseen una claras líneas de actuación que ponen en práctica a nivel global, desde Trump hasta Meloni, desde Bolsonaro hasta Netanyahu, desde Abascal hasta Le Pen. Y es muy importante que sepamos cómo actúan, porque, por desgracia, el poder está en sus manos, dominan el relato, los medios de comunicación y hasta a los jueces, a través del *lawfare*.

Quizás todo esto te suene exagerado, pero existe y hay mucha teoría al respecto, no es nada nuevo ni me estoy inventando nada. Supongo que sí te sonará Manos Limpias, Abogados Cristianos o Hazte Oír, ¿verdad? Todas ellas son asociaciones y organizaciones de extrema derecha que están bajo el paraguas de Atlas Network, un *lobby* ultracapitalista internacional, este, además, bajo la Organización Nacional de El Yunque, una secta paramilitar, ultracatólica y de extrema derecha cuya misión es instaurar el reino de Dios en la Tierra y luchar contra las fuerzas de Satanás. Suena increíble todo, ¿verdad? (sarcasmo). Porque detrás de esos discursos populares sobre la inmigración, las paguitas y los okupas, lo que hay realmente es una red internacional profundamente antidemocrática que apoya golpes de estado, controla y manipula medios de comunicación, se opone radicalmente al estado de bienestar y al pago de impuestos, y un largo etcétera. Te recomiendo mucho seguir al periodista de investigación Julián Macías, que en su canal Pandemia Digital expone todo esto de una manera magistral y al mismo tiempo aterradora.

Aterradora, porque es alucinante ver cómo nos manipulan, cómo ese mensaje tan peligroso cala en la gente y en la sociedad, precisamente aprovechando esos resquicios de descontento y de desilusión por la política y el sistema de tantas personas. Pero esto no es ninguna tontería y estamos repitiendo errores muy graves del pasado. Y te voy a poner un claro ejemplo de todo ello: el genocidio en directo del pueblo palestino.

Espero que cuando este libro esté en tus manos y lo estés leyendo, el genocidio haya terminado, pero ahora mismo es todo muy preocupante y la situación, tras nueve meses, absolutamente dantesca.

Las cifras son realmente espeluznantes: aproximadamente 200 000 personas asesinadas, según un estudio de la revista científica *The Lancet*, entre ellas un altísimo porcentaje de niñas, niños y bebés. También miles de niñas, niños y bebés con graves amputaciones. Decenas también de infancias muertas por desnutrición debido al bloqueo del ejército israelí, que impide acceder a prácticamente todo tipo de ayuda humanitaria, provocando una hambruna sin precedentes, dejando además a la población sin acceso a agua, comida o medicinas. Y todas hemos podido ver esas imágenes absolutamente terribles.

Si este genocidio se hubiese dado en cualquier país del Norte Global, esto hubiese sido una auténtica hecatombe, un antes y un después en la historia. Pero son árabes y pobres, y el relato cambia muchísimo.

Y esto se ha visto de una manera muy palpable a través de los medios de comunicación y cómo han controlado y contado el relato en todo momento. Lo primero, haciendo una utilización del lenguaje muy estudiada en los medios. Se habla de muertes, cuando nadie se está muriendo: los están asesinando de las peores formas posibles. Se habla de guerra o conflicto, cuando es un genocidio en toda regla y una limpieza étnica de manual. Se habla de terrorismo, pero de una manera muy desdibujada para hacer creer que toda la población civil en Gaza es terrorista. Por no entrar en el término «terrorismo» y su empleo colonial y sesgado desde Occidente, porque de hecho a Hamas no lo consideran terrorismo en muchísimos países, sino resistencia armada ante un estado ocupante y opresor como es Israel.

Pero dejando aparte este debate, tenemos mil ejemplos de cómo los medios occidentales han apoyado en todo momento el relato sionista de extrema derecha. Tal y como han hecho en los últimos casi ochenta años de ocupación. Y ha sido durante este genocidio cuando el relato ha conseguido cambiar algo, y lo ha hecho única y exclusivamente gracias a las redes sociales, a la divulgación de su propio exterminio que han podido compartir las propias víctimas.

Y este dato es muy importante, porque vemos que, a pesar de que los medios siguen teniendo el poder y el control, ya no lo tienen totalmente. Por eso es fundamental también ser críticas con lo que se consume y cómo se consume.

Las redes han cambiado el relato, y se han visto revueltas y manifestaciones a lo largo del planeta, en especial en países que hasta ahora habían comprado y apoyado el relato sionista con los ojos cerrados; véase Estados Unidos, donde no se habían visto manifestaciones tan grandes desde la guerra de Vietnam. Incluso en las universidades de la Ivy League, la élite de la sociedad americana.

Y esto ha sido maravilloso, porque ha conseguido cambiar el relato no solo en gran parte de la población, sino incluso en algunos medios de comunicación. Por primera vez hemos visto avances globales, aunque pequeños, en lo referente a la causa Palestina.

Por lo tanto, vemos claramente que sí tenemos la capacidad de cambiar el relato con nuestras acciones, pero para ello debemos de tomar acción. Desde el desánimo y la apatía nunca conseguiremos nada. Y esto es, precisamente, lo que las fascistas quieren.

Además, va muy ligado al mensaje sesgado e irreal de que «son todos iguales», haciendo alusión a los partidos políticos.

Pero vamos a ver, ¿cómo van a ser todos iguales? Cómo va a ser igual un partido que luche por los derechos humanos universales, un partido que proteja a los colectivos sociales más desfavorecidos, un partido que luche y apueste por la inclusión y la diversidad, un partido que fomente y destine recursos suficientes a sanidad y educación para que estas sean universales y accesibles para todo el mundo… a otro que lo que quiere y pretende es todo lo contrario. Es que de verdad que la frasecita del «son todos iguales» me desespera.

Por supuesto que no son todos iguales, y entiendo que ningún partido nos va a encajar y representar al 100%, pero por favor, es que hay algunos partidos que deberían estar en las antípodas de nuestro posicionamiento ya no solo político, sino ético.

Así que mucho cuidado con dar por válidas esas frases y esa desazón política, porque la extrema derecha y el fascismo se nutren de ello. Porque ellas siempre salen a votar en masa, es en el resto del electorado donde existen los altos porcentajes de abstención. Porque la derecha y la extrema derecha siempre votan. Y el momento que vivimos es crítico como para no emplear todos los medios posibles a nuestro alcance para pararles los pies a esta gente.

Porque si piensas que a ti no te afectará, lo hará, aunque no pertenezcas a un colectivo especialmente vulnerable. La pérdida de derechos, de libertades y la decadencia del estado de bienestar nos afectan absolutamente a todas, incluso a muchas de las que votan a esos partidos, porque ya sabemos que pocas cosas hay más absurdas que un obrero de derechas.

Te dejo un poema del pastor luterano alemán Martin Niemöller que lo explica maravillosamente:

Cuando los nazis vinieron a llevarse a los comunistas,
guardé silencio,
porque yo no era comunista,
Cuando encarcelaron a los socialdemócratas,
guardé silencio,
porque yo no era socialdemócrata,
Cuando vinieron a buscar a los sindicalistas,
no protesté,
porque yo no era sindicalista,
Cuando vinieron a llevarse a los judíos,
no protesté,
porque yo no era judío,
Cuando vinieron a buscarme,
no había nadie más que pudiera protestar.

Así que, por favor, un poco de conciencia de clase, que somos clase trabajadora, aunque te hagan creer otra cosa.

¿Y por qué es vital tener conciencia de clase? Pues porque si vives de un sueldo normal, pero te cuesta llegar a fin de mes, tienes un coche que va tirando y un piso que vas pagando, pero muchos meses comes mucha más pasta de la que te gustaría… No eres clase media.

Pero es que aunque tengas una hipoteca de 400 000 € y conduzcas un coche de 70 000 € pagándolo a plazos, y puedas irte de vacaciones, pero también vives de un sueldo, tampoco eres clase alta.

El sistema capitalista nos ha hecho creer que ser clase media es cobrar más de 14 000 € al año. Pero es que si cobras 30 000 € al año se supone que ya eres clase alta.

Se están riendo en nuestra cara, haciéndonos pensar que tenemos privilegios que no tenemos y que pertenecemos a una clase social irreal a la que tampoco pertenecemos. Porque si vives de un sueldo, y no tienes la capacidad de poder vivir desahogadamente sin ese sueldo no eres clase media, de hecho, ni alta.

Eres una persona asalariada, y sí, ya sé que no es lo mismo cobrar 11 000 € al año que 40 000 €, pero al final, las necesidades de todas las personas asalariadas son muy similares, lo que ocurre es que al sistema le interesa que tú te creas que eres clase media, para que te contentes con tus cuatro privilegios y que no reivindiques ni luches por tus derechos ni por los de los demás.

Porque los que realmente son clase alta, que no viven de un sueldo y que están hasta arriba de privilegios, quieren tener al mayor número de personas posibles a su lado y que los sientan como referentes, y es por eso que te hacen creer que la conciencia de clase es algo de rojos, y que tú no necesitas esas ideas, mientras sigues trabajando doce horas al día para poder pagarte un coche último modelo a plazos y pillarte dos vuelos de vacaciones al año en turista.

De hecho, la derecha me recuerda mucho al *lobby* cárnico, porque tiene ese poder de hacer creer que hacen lo correcto, que velan por nuestra seguridad. Que cuidan de nosotras, de nuestra salud y de nuestra libertad. Que realmente tenemos poder de decisión y que no hay ningún tipo de manipulación. El problema es nuestro, que no entendemos su forma de vivir.

Porque para ellas libertad no es libertad de elección o de derechos fundamentales, para ellas libertad es «pan y circo».

No importa que la pandemia del COVID fuese causada por el consumo de animales y la rotura de ecosistemas, eso no interesa, lo realmente importante es que tú puedas seguir yendo de cañas con tus colegas. Porque sanidad y educación para qué, pero terracitas y cañitas… Eso que no falte.

Porque para ellas los desahucios, las colas del hambre o los fondos buitre que están arrasando con el acceso a la vivienda en nuestro estado, eso no es importante. La ley mordaza, los discursos del odio y las amenazas, tampoco.

Porque su forma de vivir, de legislar y gobernar basada en el odio, el fascismo, el racismo, la homofobia, el clasismo, la aporofobia, el capacitismo, etc., no es nuestra manera de entender el mundo y por todo esto nunca deberíamos de dejar de luchar, de alzar nuestra voz contra las injusticias, de pelear por un mundo más justo, más ético y más sostenible para todas, humanas y no humanas.

Y creo que el máximo exponente de toda esta situación y lo que mejor lo muestra es haber llegado al punto en que defender los derechos humanos básicos y fundamentales se ha convertido en algo «de izquierdas». Y esto me parece absolutamente distópico y muy peligroso.

Vuelvo a poner el ejemplo del genocidio de Gaza, porque es muy reciente y lo muestra de una forma muy clara.

El nivel de destrucción del que hemos sido testigos ha superado a cualquiera, incluso a la Segunda Guerra Mundial. Todo un territorio absolutamente destruido, hospitales, escuelas, universidades, viviendas, infraestructuras y un largo etcétera. Y miles y miles de vidas humanas, entre ellas un 50% de infancias segadas, asesinadas y mutiladas. Casi el 100% de la población desplazada, y varias veces.

Y después de todo esto y de pasarnos los típicos mantras como «las infancias son sagradas» por el arco del triunfo (deberíamos de decir «las infancias *blancas* son sagradas»), nos encontramos de bruces con que defender la causa palestina es de rojos, incluso de terroristas, y que defender a Israel, un estado ocupante y opresor que lleva décadas cometiendo apartheid, crímenes de guerra y de lesa humanidad es de gente de bien, de la derecha de toda la vida. O incluso de socialdemócratas; no olvidemos que el actual gobierno socialista en nuestro estado habla de Israel como ese «estado amigo». Sin olvidar tampoco, después de una de las peores masacres en la Franja, con casi 300 personas asesinadas, entre ellas muchas niñas y niños, esa foto de la vergüenza de Abascal con Netanyahu, recordándonos a tiempos pasados muy oscuros.

No puedo entender como ante el asesinato de más de 16 000 niñas, niños y bebés en tan solo nueve meses, y ante el grado de destrucción absoluta de un territorio ya de por sí castigado, tantísimas personas siguen bien defendiendo esto o bien miran para otro lado, que es lo mismo, porque ya sabemos que el silencio siempre es cómplice.

Desde mi perspectiva como socióloga, esto ha sido el punto de inflexión que marcará la deriva de nuestra sociedad occidental, e incluso de nuestra humanidad. A lo largo de la divulgación y visibilización que he hecho en mis redes sociales de este genocidio, he manifestado varias veces que la causa Palestina es la causa de la humanidad, y así lo han explicado también diferentes intelectuales y pensadoras.

Quizás te estés preguntando por qué, así que te lo explico.

Lo primero y más evidente es que es la primera vez en la historia que hemos sido testigos de un genocidio retransmitido en directo. Y aun así se ha tratado de no mirar o incluso llegar a justificar imágenes atroces. Porque los límites que se han traspasado con todo esto nos ponen en serio riesgo a todas, porque todos los derechos humanos fundamentales están en juego tras haber aceptado por válidos asesinatos indiscriminados y mutilaciones a población infantil, desplazamientos forzados toda una la población, ataques indiscriminados a hospitales y centros educativos, detenciones ilegales, torturas, impedir la entrada de toda ayuda humanitaria matando así a la población de hambre y sed, pero también de enfermedades por la falta de medicamentos, y un largo etcétera.

Justificar todos estos actos atroces, o no querer verlos, nos hace perder nuestra humanidad, nuestra capacidad de empatía. Y hace que gane el individualismo más atroz, el racismo más rancio, que ganen los discursos de odio, las *fake news* y el marketing sionista de extrema derecha.

Hemos dado por válido que ver con nuestros propios ojos bebés decapitados por las bombas de un ejército ocupante está justificado para muchas personas de derechas. Y esto es gravísimo.

Las imágenes del holocausto nazi han sido repudiadas y condenadas por toda la sociedad en su conjunto, independientemente de la ideología política (excepto si eres nazi, obvio), pero las imágenes de niños sin cabeza o de niñas literalmente en los huesos debido a la desnutrición provocada por Israel, donde, mientras escribo esto, se están aniquilando a más de dos millones de personas, no nos han posicionado a todas en el mismo bando, en el de la defensa de los derechos humanos básicos. Y esto ha sentado un terrible precedente en nuestra sociedad actual.

Y, precisamente, marcada por esa deriva y esa falta de valores y de posicionamiento, y por ese fuerte individualismo, estamos en la situación política y social en la que estamos, donde lo que está ganando terreno es la extrema derecha, con todo lo que ello conlleva.

Así que, por favor, reflexionemos sobre nuestra humanidad, sobre nuestros principios, nuestra empatía, sobre nuestro egocentrismo y sobre nuestros privilegios. Porque hemos entrado en una profunda crisis de valores provocada por este sistema capitalista atroz que lo aniquila todo.

Y, por supuesto, la política empieza también en nuestros platos, como ya te he hablado varias veces a lo largo de este libro.

De la intrínseca relación entre el capitalismo y el consumo de animales ya he hablado, y como al ser el capitalismo un sistema político, nuestras decisiones sobre nuestra cesta de la compra pues también lo son.

Y para terminar por todo lo alto, voy a abrir un último melón sobre la incursión del capitalismo en el veganismo, o mejor dicho, en los productos de alimentación 100% vegetales.

Supongo que ya a estas alturas nadie tenía dudas de que el capitalismo no iba a dejar escapar la oportunidad de vender sus productos vegetales en este crecimiento actual sobre lo verde, lo saludable y lo sostenible, sumándose a ese *greenwashing* que campa a sus anchas y del que ya he hablado anteriormente.

He visto en primera persona este auge a lo largo de las últimas dos décadas, especialmente de esta última. Dejé de comer animales a finales de los 90, llevo ya más de veinticinco años. Ya te conté también mi proceso, pero ha sido en estos últimos años cuando el crecimiento, en España especialmente (porque en otros países el veganismo lleva ya muchos más años instaurado), se ha visto de una manera mucho más significativa. Desde mi punto de vista, esto es algo muy positivo, pero como todo, tiene matices. Te explico.

Entrar en cualquier supermercado tradicional y ver esos lineales llenos de, por ejemplo, leches o bebidas 100% vegetales es una maravilla, y este incremento se ha dado en muy pocos años. Y digo leches, porque lo son, no voy a entrar en el juego de la industria que prohíbe llamar leches a leches vegetales, pero no a leches corporales, o que prohíbe llamar hamburguesas a hamburguesas que son exactamente como las tradicionales pero 100% vegetales. Es que hasta ahí llega el poder del *lobby* cárnico. O la falacia de la «imitación» o de crear una «supuesta confusión». Vaya argumentos tan ridículos, cuando estamos cansadas de llamar al pan con salchicha, perrito, cuando todo el mundo sabe que no lleva carne de perro, o a un típico postre brazo de gitano cuando, evidentemente, no lleva ningún brazo humano. Y como estos, cien ejemplos más.

Pero ya no solo leches vegetales, también yogures, helados, hamburguesas, salchichas y un montón más de productos 100% vegetales que antes no existían más allá de en herbolarios o tiendas especializadas. Y esto es fantástico, porque democratiza este tipo de productos y facilita su acceso, llegando así a muchas más personas. Hasta ahí todo bien.

Ahora, y como es lógico dentro de este sistema capitalista, la mayoría de las empresas que han empezado a crear este tipo de productos son, precisamente, esas multinacionales que ya estaban en esos supermercados y cadenas de distribución de alimentos con todos sus otros productos cárnicos.

Evidentemente, siempre es infinitamente mejor consumir esos productos 100% vegetales de cualquiera de estas empresas a cualquiera de sus productos de procedencia animal, eso lo tenemos claro. Es infinitamente mejor desde un punto de vista ético, pero también de sostenibilidad e incluso de salud.

Pero claro, si volvemos a la máxima de que todas nuestras decisiones y compras son también actos políticos, y que con cada céntimo de nuestro dinero estamos decidiendo qué financiamos y qué no, en este aspecto yo tengo muy clara mi postura, que es solo mía, mi decisión y mi opinión en base a mi trayectoria, mis circunstancias y mis principios. Y entiendo que hay muchas personas dentro del movimiento vegano que no la comparten.

Y te voy a poner un ejemplo. Creo que soy de las pocas personas que jamás ha entrado en un McDonald's. Se dieron dos circunstancias para ello: que ese tipo de comida nunca me ha gustado, ni de adolescente, y que desde pequeña, como ya te he contado, era activista ecologista, y relacionar este tipo de establecimientos y de industria con la deforestación del Amazonas es algo muy fácil con solo investigar un poquito. Por lo tanto, ya antes de ser vegana, incluso vegetariana, hacía boicot a este tipo de restaurantes por todo el daño medioambiental que causan a nuestro planeta.

En cambio, sí que me parece estupendo que tengan un menú 100% vegetal, me parece fantástico de hecho, pero yo con mi dinero no financio este tipo de industria. Y esto es extrapolable a otras marcas u otras grandes multinacionales que sacan productos 100% vegetales. Si ya antes les hacía boicot y no compraba sus productos, pues ahora, por mucho que tengan productos vegetales, tampoco lo voy a hacer.

Pero repito, esta es mi decisión, en base a mis circunstancias y mi manera de entender el mundo. Y, por supuesto, que también tengo mis incongruencias, como todo el mundo, y también por supuesto, puedo hacer excepciones si un día en concreto no existe otra opción posible, es solo que en mi día a día no consumo ese tipo de productos.

Llevo muchos años haciendo boicots a grandes empresas, como Nestlé, Unilever, McDonald's, Coca-Cola, Apple, etc., y ahora, tras el genocidio de Palestina, he aumentado la lista a Carrefour, Axa, HP, Starbucks, etc. Quizás te parezca una tontería, pero los datos están ahí, y los boicots generalizados funcionan, lo hemos visto en cómo fueron determinantes en acabar con el apartheid de Sudáfrica y como en el caso de Palestina muchas empresas han dejado de invertir y de colaborar con Israel. Y, además, mi conciencia está tranquila de que con mi dinero no financio explotación ni genocidios.

Como ves, todas nuestras decisiones son políticas, porque, como dijo Carol Hanisch, lo personal también es político. En este ensayo ella pone en valor los cuidados ejercidos históricamente por las mujeres, todo el trabajo no remunerado que ejercemos día tras día, la división sexual del trabajo, el aborto, etc. Podemos decir que todas ellas son cuestiones personales, pero si no se elevan a lo público y se politizan, no podremos conseguir objetivos colectivos, como por ejemplo, un aborto legal y seguro para todas.

Y esto, lógicamente, también lo podemos extrapolar a nuestras decisiones personales. Porque con cada céntimo de euro estamos diciendo qué mundo queremos. Yo no quiero financiar muertes, ni asesinatos, ni destrucción de todo nuestro planeta. Y sí, ya sé que el impacto cero no existe y que no vivimos en cuevas, no seamos ridículas ni demagogas, pero cada una de nosotras, en base a nuestras posibilidades y circunstancias, sí tenemos poder de decisión.

Podemos elegir no consumir animales, podemos elegir optar por productos de cercanía en nuestra cesta de la compra, podemos elegir cómo viajamos y qué impacto tenemos, podemos elegir qué ropa consumimos, etc. Podemos elegir en muchísimos aspectos de nuestra vida y de nuestro consumo. Y esto marca la diferencia.

Y también podemos, e incluso diría que debemos, unirnos desde las bases, creando asociaciones y colectivos que den fuerza y forma a toda esa acción, lucha y reivindicación social tan necesarias y vitales en este momento tan determinante político y social que estamos atravesando.

Seamos conscientes y consecuentes con nuestros actos, con nuestras decisiones y con nuestras elecciones. Seamos granos de arena y todas juntas formemos montañas. Seamos gotas de agua y juntas formemos océanos. Seamos conscientes de nuestra fuerza como agentes de cambio y sigamos avanzando fuertes y unidas haciendo de este mundo un lugar mejor para todas sus habitantes, humanas y no humanas.

Epílogo

Y hasta aquí hemos llegado. No sé cómo habrás recibido este libro y toda mi trayectoria en este viaje de la maternidad en particular y de la vida, en general, pero lo que sí te puedo decir es que no he escrito este libro: lo he vomitado. Me he abierto en canal y he volcado sobre estas líneas y sobre estos párrafos mi vida, mi camino, mis piedras y mis baches.

Además, creo que una de las cosas más difíciles que he hecho en mi vida es escribir este libro mientras he sido testigo del genocidio en directo de Gaza y del pueblo palestino, con toda la implicación, además personal, que eso ha conllevado. Ahora mismo, mientras escribo estas últimas líneas, van ya nueve meses de genocidio, con unas imágenes y unas cifras absolutamente dantescas y espeluznantes. De hecho, en este punto, mi esperanza ya se ve muy mermada. Ojalá algún día haya una Palestina libre, desde el río hasta el mar. Y el resto de pueblos, también.

Espero y deseo que, como te decía al principio, hayas transitado estas páginas con la mente abierta y con ese espíritu crítico tan importante cuando nos sacan de nuestra zona de confort y nos exponen otras realidades y experiencias ajenas a nosotras y a nuestra forma de entender ciertas cosas.

Estamos últimamente tan polarizadas que exigimos coincidir en todo al 100%, y si no es así ya lo desechamos, sin darle una oportunidad. Lo vemos en política y en nuestro día a día. Y desde mi punto de vista, esto es un error, porque nos hace perder el poder conocer otros aspectos incluso de nosotras mismas, el indagar sobre nuestros límites y nuestros prejuicios. Hace que sigamos permaneciendo en nuestra caja de resonancia, y esto nos limita muchísimo como personas. Podemos, y debemos, hacerlo mejor.

Si algo ha resonado contigo te invito a seguir buscando información sobre algunos temas que he expuesto por aquí, a seguir avanzando en tus procesos, a retomar o afianzar otros, siempre con esa mirada crítica y siendo fiel a ti misma.

Cuídate, priorízate y escúchate. Tenemos demasiado ruido, demasiada información, vamos demasiado rápido y eso propicia que no nos cuestionemos muchas cosas, que no reflexionemos sobre otras, que demos por válido lo que nos cuentan sin pararnos a pensar sobre ello o querer ver más allá.

Porque este sistema que todo lo destroza también propicia este ritmo de vida, anteponiendo la producción por encima de todo, hasta de nuestra propia existencia.

Pero yo no entiendo esa existencia sin lucha, resistencia, reflexión, empatía, respeto y amor.

Bibliografía

Amnistía Internacional. «Informe 2022/2023 Amnistía Internacional. La situación de los Derechos Humanos en el mundo».

Balza Múgica, Isabel. «Una biopolítica feminista de la carne». 2018.

Charro, Elena. *El impacto ambiental de la moda*. Editorial Académica Española. 2021.

Dawkins, R. *El espejismo de Dios*. Espasa. 2017.

Derrida, Jacques. *El animal que luego estoy si(gui)endo*. Trotta. 2008.

Duarte, Claudio. «Sociedades adultocéntricas: sobre sus orígenes y reproducción» En *Última década* n.º 36, págs. 99-125, cidpa Valparaíso. 2012.

FAO, Food and Agriculture Organization of the United Nations. *The State of the World's Land and Water Resources for Food and Agriculture*. 2011.

FAO, Food and Agriculture Organization of the United Nations. *The State of the World's Forests. Forest pathways for green recovery and building inclusive, resilient and sustainable economies*. 2022.

FESTINGER, LEON. *Teoría de la Disonancia Cognitiva*. Instituto de Estudios Políticos. 1957.

GRUPO INTERGUBERNAMENTAL DE EXPERTOS SOBRE EL CAMBIO CLIMÁTICO (IPCC). *The Physical Science Basis: Working Group I Contribution to the Sixth Assessment Report of the Intergovernmental Panel on Climate Change*. 2021.

J. ADAMS, CAROL. *La Política Sexual de la Carne*. Ochodoscuatro. 1990.

J. CRAIG WINSTON y REED MANGELS. *«Position of the American Dietetic Association»*. *«Vegetarian Diets»*. En *Journal of the American Dietetic Association* Vol. 109, n.º 7, págs. 1266-1282. 2009.

KHAZAAL, NATHALIE. ALMIRON, NÚRIA, EDITORES. *Like an Animal: Critical Animal Studies Approaches to Borders, Displacement, and Othering*. 2021.

LERNER, GERDA. *La creación del patriarcado*. Crítica. 1986.

LÓPEZ FERNÁNDEZ, ARTURO. *El autismo según Sheldon Cooper*. 2022. Autismo Ávila.

MARTÍNEZ, LUCÍA. *Vegetarianos con ciencia*. Arcopress. 2016.

MARX, KARL. *Crítica de la filosofía del derecho de Hegel*. 1844.

MINISTERIO DE JUSTICIA. GOBIERNO DE ESPAÑA. «Guía para el uso de un lenguaje más inclusivo e igualitario». 2023.

MINISTERIO DE SANIDAD. GOBIERNO DE ESPAÑA. «Monografía: Alcohol, consumo y consecuencias 2021». Observatorio Español de las drogas y las adicciones. 2021.

MINISTERIO DEL INTERIOR. GOBIERNO DE ESPAÑA. «Informe sobre la evolución de los delitos de odio en España». 2021.

MONTESSORI, MARIA. *Educación y paz*. Altamarea. 2002.

NACIONES UNIDAS. «Informe de los Objetivos de Desarrollo Sostenible. Edición especial». 2023.

SMITH, ADAM. *La riqueza de las naciones*. 1776.

VARELA, NURIA. *Feminismo 4.0. La Cuarta Ola.* Ediciones B. 2019.

VIVEROS VIGOYA, MARA. «La interseccionalidad: una aproximación situada a la dominación» En *Debate feminista,* Vol. 52, págs. 1-17, octubre 2016.

WWF. «Informe Amazonía Viva». 2022.

WWF. TEKMAN, MINE B.; WALTHER, BRUNO ANDREAS; PETER, CORINA; GUTOW, LARS Y BERGMANN, MELANIE. «*Impacts of plastic pollution in the oceans on marine species, biodiversity and ecosystems*». 2022.

Agradecimientos

Lo primero, a todo el equipo de Diversa Ediciones, por haber apostado por mí aun en los momentos más difíciles. En especial a Carlos, mi editor.

A toda mi maravillosa comunidad de antorchas en redes sociales por iluminarlo siempre todo, por ser personas críticas, reflexivas, por no dejarse manipular y por ser siempre sostén, apoyo y oasis entre tanto odio que campa libremente en las redes.

A todas las personas que luchan cada día, de una u otra manera, para hacer del mundo un lugar mejor para todos los animales, humanos y no humanos.

Y a Pablo y mis hijas, por no soltarme jamás.

Henfluencers es un refugio (o microsantuario) anti-especista situado en la sierra Oeste de Madrid que se dedica al cuidado de algunas de las especies más explotadas e invisibilizadas: las aves consideradas «de granja» (mayoritariamente gallinas).

Su principal misión es proporcionar un espacio seguro donde las refugiadas tengan una oportunidad de vivir una vida digna y donde reciban los mejores cuidados que se les pueda ofrecer.

Con la compra de este libro colaboras con el refugio.

Puedes conocer su labor en
https://henfluencers.com